数字经济促进经济高质量发展的理论与实践探究

张 倩 ◎ 著

中国书籍出版社
China Book Press

图书在版编目（CIP）数据

数字经济促进经济高质量发展的理论与实践探究 / 张倩著 . -- 北京：中国书籍出版社，2024.10.
ISBN 978-7-5241-0072-0

Ⅰ．F492

中国国家版本馆 CIP 数据核字第 2024VV0570 号

数字经济促进经济高质量发展的理论与实践探究
张　倩　著

图书策划	成晓春
责任编辑	张　娟　成晓春
封面设计	守正文化
责任印制	孙马飞　马　芝
出版发行	中国书籍出版社
地　　址	北京市丰台区三路居路 97 号（邮编：100073）
电　　话	（010）52257143（总编室）（010）52257140（发行部）
电子邮箱	eo@chinabp.com.cn
经　　销	全国新华书店
印　　刷	天津和萱印刷有限公司
开　　本	710 毫米 ×1000 毫米　1/16
字　　数	210 千字
印　　张	12.25
版　　次	2025 年 5 月第 1 版
印　　次	2025 年 5 月第 1 次印刷
书　　号	ISBN 978-7-5241-0072-0
定　　价	76.00 元

版权所有　翻印必究

前　言

在全球文明演进的历史长河中，人类社会依次迈过了农业革命、工业革命和信息革命的重要阶段。这些里程碑式的产业技术革命，极大地推动了人类的生产生活，不断地深化人们对世界的认知，提升人们改造世界的能力。随着数字技术的不断革新，数字经济正在迅猛增长，并不断实现创新突破，其深远的影响力已广泛渗透到多个领域。它不仅深刻改变了世界经济的发展动力与方式，还在悄然重塑社会治理的新格局。

当今时代，数字经济快速发展，形成了以数字技术、数字经济、数字社会、数字治理为主体的数字经济体系，构建了以数字理念、数字发展、数字治理、数字安全、数字合作等为主要内容的数字生态，推动了质量变革、效率变革、动力变革，对社会经济发展、人民生产生活和国际格局产生了广泛影响，给社会生产方式、生活方式和治理方式带来了深刻变革。数字经济发展速度之快、辐射范围之广、影响程度之深令人震撼，正深刻改变着社会的生产、生活和治理方式。

在全球新一轮科技革命的背景下，人工智能、大数据、物联网等数字技术飞速发展，技术体系、商业模式、产业结构、需求结构不断更新，社会发展进入了数字经济时代。当前，全球生产和分工格局正处于调整变革中，各种不确定因素交织，同时我国经济增速放缓，经济下行压力不减，正处在一个调整经济结构、转换增长动能的关键时期。数字经济的兴起为我国经济增长注入了源头活水。数字经济是指以使用数字化的知识和信息作为关键生产要素、以现代信息网络作为重要载体、以信息通信技术的有效使用作为效率提升和经济结构优化的重要推动力的一系列经济活动。依托数字技术来强化创新驱动力、培育新动能，以数字经济发展推动供给侧结构性改革、支撑新发展格局的构建，必将是今后一个时期我国经济发展的趋势。

在全面审视我国数字经济发展现状时，必须清醒地认识到，我国在发展数字经济的过程中仍面临着诸多挑战，存在着诸多瓶颈。首先，新型生产力的发展正处于初级阶段，尚未完全成熟。其次，数据资源的开发利用水平仍需提升，以更好地释放其潜在价值。再者，核心技术和设备在一定程度上仍依赖于外部供应，缺乏完全的自主可控能力。最后，人才和投融资体制亦需进一步调整和完善，以更好地适应数字经济发展的实际需求。

传统经济领域的数字化转型亦存在不少障碍，需加大力度推动其深化发展。同时，国际化拓展尚处于起步阶段，需要加快步伐，提升我国在全球数字经济领域的竞争力。数字经济市场体系亦需进一步健全，以确保市场的公平、透明和高效运行。

在经济治理方面，我们面临着前所未有的挑战，需要不断创新和完善治理体系，以应对数字经济带来的新变化。在全球竞争日益激烈的背景下，话语权的争夺愈发重要，我们必须保持高度的警惕和敏锐的洞察力，积极应对挑战，确保我国在全球数字经济领域的地位和影响力。

在未来几十年里，我们将迎来数字化改造并全面升级传统动能、积极培育并壮大新兴动能的重要发展阶段。这一阶段不仅是全面推动数字经济繁荣的战略黄金期，还是我们迈向数字化时代、实现经济高质量发展的新起点。对于这一不可多得的发展契机，谁能敏锐捕捉、牢牢把握，谁就能在激烈竞争中抢占先机，引领发展潮流。

实现经济的高质量发展是建设社会主义现代化国家的重要使命。在此过程中，我们致力于构建现代化的产业体系，积极推进新型工业化，并加速建设制造强国、质量强国、航天强国、交通强国、网络强国和数字强国。为了进一步提升国际竞争力，我们还要加快步伐发展数字经济，并推动数字经济与实体经济的深度融合，打造具备国际竞争力的数字产业集群。数字经济不仅为经济社会的发展注入了新动力，带来了新优势，还在推动高质量发展、推进中国式现代化、全面建成社会主义现代化强国的道路上展现出巨大的潜力和价值。

因此，深入了解数字经济的概念，掌握数字经济的发展实景与远景，明确数字经济与经济高质量发展的关系，对于拓展我国的经济增长空间、提升经济增长质量具有重要的现实意义。同时我们还要对数字经济促进经济高质量发展的机制与路径有具体深入的认识，并从实践角度研究数字经济促进经济高质量发展的新思路。

作者在撰写本书的过程中参考了大量的学术文献，在此对相关作者表示感谢。由于能力所限，书稿在论述过程中难免有不足之处，挂一漏万，请相关专家学者与广大读者朋友批评指正。

张倩

2024 年 3 月

目　录

第一章　数字经济的基础概念 ……………………………………………… 1
第一节　数字经济的内涵、特征与框架 ………………………………… 1
第二节　数字经济的技术基础 …………………………………………… 18
第三节　数字经济的宏观和微观经济学 ………………………………… 27

第二章　数字经济的发展实景、路径与远景 ……………………………… 49
第一节　数字经济的发展实景 …………………………………………… 49
第二节　数字经济的发展路径 …………………………………………… 68
第三节　数字经济的发展远景 …………………………………………… 74

第三章　数字经济与经济高质量发展的关系 ……………………………… 79
第一节　数字经济与经济发展的关系 …………………………………… 79
第二节　数字经济是高质量经济 ………………………………………… 89
第三节　数字经济对经济高质量增长的影响 …………………………… 93

第四章　数字经济促进经济高质量发展的机制与路径 …………………… 97
第一节　人工智能促进经济高质量发展的机制与路径 ………………… 97
第二节　物联网促进经济高质量发展的机制与路径 …………………… 108
第三节　区块链促进经济高质量发展的机制与路径 …………………… 120
第四节　平台经济促进经济高质量发展的机制与路径 ………………… 127

第五章 数字经济促进经济高质量发展的实践 …… 142
第一节 实体经济的数字化转型 …… 142
第二节 民生行业的数字化转型 …… 151
第三节 金融行业的数字化转型 …… 159
第四节 事业单位财务的数字化转型 …… 167

参考文献 …… 183

第一章 数字经济的基础概念

从互联网诞生之始,数字经济革命就已在酝酿之中。由于信息、数据的流动性较强,数字经济带来的超速变革也超出人们的预期,而这也是数字经济的魅力所在。数字经济技术的集中爆发可以说是数字经济革命的技术驱动力,也可以说是其技术表象。人们对数字经济的认识已由最早的技术创新和新产业形成,扩展为新技术变革和新产业经济态势,继而认识到数字经济已成为以新技术与新产业为核心的,全面渗透并改变经济、科技、社会的创新性革命。

第一节 数字经济的内涵、特征与框架

在深入探讨数字经济这一概念时,我们首先要清晰地界定其内涵、特征和框架。随着数字技术的飞速发展和广泛应用,数字经济迅猛发展,其内涵、特征和框架将持续发生深刻的演化。根据当前对数字经济的普遍认知,我们可以概括出其目前公认的范围和核心要素。

一、数字经济的内涵

数字经济是一个产业层面的概念。一般认为,数字经济由唐·泰普斯科特(Don Tapscott)1996年在《数字经济:网络智能时代的希望与危险》一书中首次提出。数字经济是一个日益壮大的领域,随着数字技术的融入,正逐渐改变经济格局。从历史长河来看,其内涵随着社会发展不断进化,引领着经济与技术的新浪潮。

(一)数字经济概念的演化

20世纪40年代末,科学技术的飞跃引领了电子元器件的发展,孕育了信息

技术革命的萌芽。新兴产业蓬勃兴起，经济重心悄然转向信息领域，信息经济在发达国家崭露头角。在 20 世纪 50 年代至 70 年代中期，信息经济在发达国家的国民经济中崭露头角，占据了举足轻重的地位。1962 年，美国经济学家弗里茨·马克卢普（Fritz Machlup）在其著作《美国的知识生产与分配》中，构建了一套全面的信息产业核算体系，这一创举为信息经济研究奠定了坚实的理论基础。这套体系不仅展现了信息经济的蓬勃生机，还为其未来发展指明了方向，使信息经济在全球经济舞台上熠熠生辉。1973 年，石油危机如雷霆一击宣告工业经济时代的辉煌落幕。随着原油产量的骤降，高能耗工业日渐凋零。而信息革命的浪潮也席卷而来，各国纷纷拥抱信息技术，引领着新时代的蓬勃发展。1977 年，经济学家马克·尤里·波拉特（Mac Uri Porat）引入了一种具有里程碑意义的经济分类法，将经济活动分为四个主要部分：农业、工业、服务业和信息产业。在信息产业内，一部分是面向市场的信息产品和服务供应商，另一部分是政府和非信息机构为内部需求创造的信息服务。波拉特的理论还区分了经济的两个核心方面——物质能源转换和信息转换，这两个方面相互交织，共同塑造了社会的经济基础。他强调，知识与信息的驱动在物质和能源生产中不可或缺，反之，信息的创造、处理和传播又依赖于物质基础和能源支持。这种分类方式深刻地阐述了经济结构的原理，并凸显了信息与物理世界之间不可分割的关联。

在 20 世纪 80 年代，全球范围内，尤其是在美国、日本和部分欧洲工业国家，信息经济成为推动其经济发展的核心引擎，信息经济带来了 50% 以上的国民生产总值（GNP）。美国经济学家保罗·霍肯（Paul Hawken）1983 年在《未来的经济》中首次提出了信息经济这一概念，他强调，信息经济是建立在新技术、知识和技能基础上的经济体系，信息成为新的生产要素。霍肯预见，随着现代工业产品中物质与信息的构成变化，物质经济正逐步向信息经济转变。我国著名经济学家乌家培将信息经济视为信息革命的标志性成果。他描述的信息经济是以现代信息技术为基石，以信息产业为主导的，不仅包括产业信息化，还涵盖信息产业化。与传统的物质经济不同，信息经济更加注重高科技信息产品和服务，与信息形态的转换紧密相连，它涉及知识信息的创造、传递和应用，引领着全球经济的未来方向。

自 20 世纪 90 年代起，数字经济概念便崭露头角，其核心长期聚焦于网络经济。随着互联网技术的蓬勃发展，网络经济迎来了黄金时代，生产、分配、交换和消费，每一个环节都被互联网深深烙印。在这一浪潮中，互联网技术和电子商务对网络经济发展至关重要。1998年，美国商务部在《浮现中的数字经济》报告中明确指出，数字经济涵盖了互联网硬件、基础设施、电子商务和信息服务。而到了2000年，美国人口普查局进一步揭示，数字经济主要由三大核心要素构成，这三大核心要素分别是电子商务基础设施、电子商务流程、电子商务交易。

在这一时期，网络经济的发展呈现了快速迭代的特点。在20世纪90年代初期，基于互联网的商业模式以新闻门户网站、电子邮件业务、电子商务为主，实现了信息的分类与聚合，这一阶段也被称为Web1.0阶段或者门户时代。随着网络信息的爆炸性增长，信息过载问题日益突出，如何帮助用户找到其自身关注的信息成为行业发展的痛点，以搜索引擎为代表的网络经济业态蓬勃发展。用户利用搜索引擎查阅自己感兴趣的话题，而用户的这一兴趣被搜索引擎记录后又成为网络信息排序的依据，"竞价排名"的商业模式由此成为互联网公司盈利的利器。在这种模式下，用户成为企业价值创造的一部分，因而用户创造内容成为2005年前后网络经济的主流商业模式，网络经济也进入了以用户为中心的Web2.0时代。2006年，美国《时代》周刊曾以"You"作为封面，并评论称社会正从机构向个人过渡，个人正在成为"新数字时代民主社会"的公民。进一步地，用户的社交关系也沉淀在互联网上，以推特、微博、微信为代表的社交平台和即时通信工具发展迅速，社交网络成为网络经济的热点领域。

1994年，中国正式接入国际互联网，我国网络经济发展的大幕也由此拉开。20世纪90年代末，中国互联网产业迎来了一个重要的里程碑，新浪、搜狐、网易这三大门户网站相继创立。此后阿里巴巴、京东也开启电商新纪元。随后，百度、腾讯等巨头崛起，引领搜索与社交潮流。此时，中国网民数量如雨后春笋般激增，网络零售等电商业务如日中天，互联网世界焕发勃勃生机。2003—2004年，阿里巴巴推出了淘宝网和支付宝，通过不断地发展，如今在电子商务和第三方支付领域已跻身行业前列。2005年，腾讯QQ的同时在线人数首次突破1000万，即时聊天工具逐渐成为网民的标配。2008—2009年，以开心网、新浪微博为代表的社交网站、社交媒体迅速升温，社交网络逐步普及，与社交关系形成了紧密联系，人际联络方式发生了重大变革。

数字经济时代始于移动互联网的蓬勃发展，通过线上线下深度融合，5G、大数据、物联网、云计算、人工智能等技术在经济社会各领域大放异彩，数字技术与经济社会深度融合，引领着未来的潮流。著名的技术经济学家布莱恩·阿瑟（Brian Arthur）将数字经济称为第二经济，认为工业革命驱动经济是以机器动力的形式发展了一套"肌肉系统"，而数字革命则为经济开发出一套神经系统。曾经在物理世界进行的经济活动现在正以数字方式进行，数字技术带来了自工业革命以来最大的变化。

在时代的浪潮中，为抢抓历史机遇，各国竞相将数字经济提升至国家战略高度。欧盟更是冲锋在前，公布了一系列数字化转型的战略规划。2015年5月，欧盟委员会发布《数字化单一市场战略》，提出了助力单一数字市场的三大引擎：一是促进跨境数字产品服务升级；二是加大数字网络服务政策支持；三是激发数字经济增长潜力。2020年2—3月，欧盟委员会先后发布了《欧洲数据战略》《欧洲人工智能白皮书》和《塑造欧洲的数字未来》，旨在通过数据可用性的完善、数据共享、网络基础设施建设、研究和创新投资等，助力欧盟完成数字单一市场构建。美国聚焦数字技术创新，先后出台了"数字经济议程""在数字经济中实现增长与创新""美国国家网络战略"等一系列数字经济的政策和举措，以期确保美国在信息技术革新和数字成果应用方面长期的领先地位。英国聚焦数字政府、数字产业和数字人才等领域，先后推出了《数字经济战略（2015—2018）》《英国数字战略（2017）》《国家数据战略（2020）》等战略计划，对打造世界领先的数字经济和全面推进数字化转型作出了全面而周密的部署。日本聚焦数字技术创新，推进产业数字化转型，加快推进智能型社会建设，相继发布了《日本制造业白皮书》《下一代人工智能推进战略》等文件。2019年，日本开始全面推进"数字新政"战略，在"后5G"信息通信基础设施、学校的信息通信技术（ICT）应用、中小企业信息化和ICT领域研发等方面，加大资金投入力度，推动社会数字化、智能化转型。

自国务院2015年7月正式发布《国务院关于积极推进"互联网+"行动的指导意见》以来，我国的数字经济发展正式踏上了高速发展的道路。在2015年12月的第二届世界互联网大会上，习近平主席指出："中国正在实施'互联网+'行动计划，推进'数字中国'建设，发展分享经济，支持基于互联网的各类创新，提高发展质量和效益。""我们愿意同各国加强合作，通过发展跨境电子商务、建设信息经济示范区等，促进世界范围内投资和贸易发展，推动全球数字经济发展。"[①]2017 年，数字经济首次被写入政府工作报告。2021 年 3 月，《中华人民共和国国民经济和社会发展第十四个五年规划和 2035 年远景目标纲要》将 2025 年数字经济核心产业增加值占 GDP 比重 10% 作为"十四五"时期经济社会发展的主要指标之一，并将"加快数字化发展　建设数字中国"单独成篇，提出了"打造数字经济新优势""加快数字社会建设步伐""提高数字政府建设水平""营造良好数字生态"等重要举措。

从数字经济发展现状来看，数字经济的边界越来越不易确定。2018 年，美国商务部经济分析局将数字经济划分为三部分：一是数字智能基础设施，主要包括计算机硬件和软件、通信设备和服务、建筑、物联网、支持服务；二是电子商务，包括电子下单、电子交付和平台支持交易；三是数字媒体，包括直接销售的数字媒体、免费数字媒体、大数据。2019 年，联合国贸易和发展会议在《数字经济报告 2019》中将数字经济划分为三个主要部分：一是核心或基础领域，包括基础创新（半导体、处理器）、核心技术（计算机、电信设备）和基础设施（互联网、电信网络）；二是数字和信息技术领域，特指生产依赖于核心数字技术的关键产品或服务，包括数字平台、移动应用程序和支付服务；三是广义的数字化部门，特指与数字产品和服务融合的传统经济部门，如金融、媒体、旅游和交通等。目前，我国广泛认可的数字经济定义，是 2016 年二十国集团（G20）领导人第十一次峰会发布的《二十国集团数字经济发展与合作倡议》中给出的定义：数字经济是指以使用数字化的知识和信息作为关键生产要素、以现代信息网络作为重要载体、以信息通信技术的有效使用作为效率提升和经济结构优化的重要推动力的一系列经济活动。2021 年 5 月，在上述定义的基础上，我国出台了《数字经济及其核心产业统计分类（2021）》，将数字经济的基本范围确定为数字产品制造业、数字产品服务业、数字技术应用业、数字要素驱动业、数字化效率提升业等五大类，如表 1-1-1 所示，并首次界定了数字经济核心产业的定义。数字经济核心产业也称为数字产业化部分，即为产业数字化发展提供数字技术、产品、服务、基础设施和解决方案，以及完全依赖于数字技术、数据要素的各类经济活动。在这里，

---

① 刘儒，拓巍峰．建设数字中国 [M]．北京：中国青年出版社，2022：13．

数字经济核心产业对应的是数字产品制造业、数字产品服务业、数字技术应用业、数字要素驱动业四大类，主要包括计算机和其他数字产品制造业、广播电视和卫星传输服务、互联网接入及相关服务、软件开发和信息技术服务等，是数字经济发展的基础。数字化效率提升也称为产业数字化部分，指应用数字技术和数据资源为传统产业带来的产出增加和效率提升，是数字技术与实体经济融合的结果。

表 1-1-1　数字经济及其核心产业统计分类（部分）

大类	中类	内容
数字产品制造业	计算机制造	计算机整机制造、计算机零部件制造、计算机外围设备制造、工业控制计算机及系统制造、信息安全设备制造、其他计算机制造
	智能设备制造	工业机器人制造、特殊作业机器人制造、智能照明器具制造、可穿戴智能设备制造、智能车载设备制造、智能无人飞行器制造、服务消费机器人制造、其他智能消费设备制造
	电子元器件及设备制造	半导体器件专用设备制造、电子元器件与机电组件设备制造、电力电子元器件制造、光伏设备及元器件制造、电气信号设备装置制造、电子真空器件制造、半导体分立器件制造、集成电路制造、显示器件制造、半导体照明器件制造、光电子器件制造、电阻电容电感元件制造、电子电路制造、敏感元件及传感器制造、电声器件及零件制造、电子专用材料制造、其他元器件及设备制造
	其他数字产品制造业	记录媒介复制，电子游戏游艺设备制造，信息化学品制造，计算器及货币专用设备制造，增材制造装备制造，专用电线、电缆制造，光纤制造，光缆制造，工业自动控制系统装置制造
数字产品服务业	数字产品批发	计算机、软件及辅助设备批发，通信设备批发，广播影视设备批发
	数字产品零售	计算机、软件及辅助设备零售，通信设备零售，音像制品、电子和数字出版物零售
	数字产品租赁	计算机及通信设备经营租赁、音像制品出租
	数字产品维修	计算机和辅助设备修理、通信设备修理
数字技术应用业	软件开发	基础软件开发、支撑软件开发、应用软件开发、其他软件开发

续表

大类	中类	内容
数字技术应用业	电信、广播电视和卫星传输服务	电信、广播电视传输服务、卫星传输服务
	互联网相关服务	互联网接入及相关服务、互联网搜索服务、互联网游戏服务、互联网资讯服务、互联网安全服务、互联网数据服务、其他互联网相关服务
	信息技术服务	集成电路设计，信息系统集成服务，物联网技术服务，运行维护服务，信息处理和存储支持服务，信息技术咨询服务，地理遥感信息及测绘地理信息服务，动漫、游戏及其他数字内容服务，其他信息技术服务业
	其他数字技术应用业	三维（3D）打印技术推广服务、其他未列明数字技术应用业
数字要素驱动业	互联网平台	互联网生产服务平台、互联网生活服务平台、互联网科技创新平台、互联网公共服务平台、其他互联网平台
	互联网批发零售	互联网批发、互联网零售
	互联网金融	网络借贷服务、非金融机构支付服务、金融信息服务
	数字内容与媒体	广播、电视、影视节目制作、广播电视集成播控、电影和广播电视节目发行、电影放映、录音制作、数字内容出版、数字广告
	信息基础设施建设	网络基础设施建设、新技术基础设施建设、算力基础设施建设、其他信息基础设施建设
	其他数字要素驱动业	供应链管理服务、安全系统监控服务、数字技术研究和试验发展
数字化效率提升业	智慧农业	数字化设施种植、数字林业、自动化养殖、新技术育种、其他智慧农业
	智能制造	数字化通用、专用设备制造，数字化运输设备制造，数字化电气机械、器材和仪器仪表制造，其他智能制造
	智能交通	智能铁路运输、智能道路运输、智能水上运输、智能航空运输、其他智能交通
	智慧物流	智慧仓储、智慧配送
	数字金融	银行金融服务、数字资本市场服务、互联网保险、其他数字金融
	数字商贸	数字化批发、数字化零售、数字化住宿、数字化餐饮、数字化租赁、数字化商务服务

续表

大类	中类	内容
数字化效率提升业	数字社会	智慧教育、智慧医疗、数字化社会工作
	数字政府	行政办公自动化、网上税务办理、互联网海关服务、网上社会保障服务、其他数字政府
	其他数字化效率提升业	数字采矿，智能化电力、热力、燃气及水生产和供应，数字化建筑业，互联网房地产业，专业技术服务业数字化，数字化水利、环境和市政设施管理，互联网居民生活服务，互联网文体娱乐业

通过梳理数字经济发展与演化的历史可以发现，作为一个产业，数字经济的定义是动态的。我们在任何时点所谈论的数字经济都是一个阶段性的概念。今天的数字经济不同于过去的数字经济，未来的数字经济也将不同于今天的数字经济。可见，随着物理世界、人类社会、经济发展与数字技术的深度融合，数字经济的内涵与外延还将不断深化和扩大。

（二）数字经济定义的内涵

《数字经济及其核心产业统计分类（2021）》对数字经济的定义相比之前有所变化，这主要体现在关键生产要素的演变上。昔日，"数字化的知识和信息"是核心，如今，"数据资源"已跃升为主宰。这不仅是数字经济的升级，还是时代的飞跃。数据要素化正悄然改变着生产的每一个角落，并促进了数据作为要素资源的自由流动。回顾历史，每次工业革命都是生产要素的变革。而今，数据成为第四次工业革命的新宠，它带来的不仅是生产效率的飙升，还是经济结构的重塑与经济增长的飞跃。这便是数字经济的魅力所在。

人们普遍认同的观念是，数字经济的核心在于信息网络和先进信息技术的应用。在数字经济领域，数字平台和现代信息网络扮演着比互联网和宽带更为重要的角色。这一领域关键的推动力量来自云计算、大数据、物联网、人工智能、区块链等信息通信和数字技术，这些技术共同构筑了数字经济的技术架构，成为其发展的主要驱动力。这种技术共识的存在，使得对数字经济关键技术的投资和研发获得了广泛的认可和政策扶持，促进了其稳步前行。

对于数字经济，一个广为人知的观点是，它象征着一场深刻的工业革命和技术革新。有的专家从技术发展和实践应用的视角指出，数字经济的兴起源于数字技术的创新力量，它通过与传统行业深度交融与渗透，推动了产业的数字化进程，实现了自动化与智能化的飞跃，显著加速了经济结构的优化升级和社会整体的转型进程。另外，数字经济被定义为一种囊括广泛经济行为的集合，不仅涵盖了数字化领域的前沿技术、创新产品、高效模式和新兴业态，还是数字化与传统产业深度融合、推动经济持续增长的生动体现。

想要全面理解数字经济的本质，首先要厘清它与知识经济、数据经济、互联网经济、网络经济、信息经济等概念之间的关系。知识经济强调信息与知识在使用者中的主导作用，而互联网经济、网络经济、信息经济则凸显了互联网作为信息传播的强大引擎。数据经济进一步深化了这一概念，通过数字化手段提升信息处理效率。有人将数字经济视为网络经济或数据经济的高级形态，认为它是对信息经济的革新升级，这种观点并未完全概括其复杂性。实际上，数字经济更被视为一个超越了早期阶段的综合概念，它涵盖了更广泛的领域，深度挖掘了信息的价值，提升了效率，并且扩展了其影响力。过去的共识可能并未充分预见数字经济的深远影响，随着其持续的发展，我们的理解正经历着深刻的变革。

现在很多人同意一种看法，即数字经济是继农业经济、工业经济之后的一种新的经济社会发展形态。也就是说，数字经济与第三次工业革命具有本质区别。数字经济的新生产要素——数据要素，与第三次工业革命的新生产要素——信息要素是有本质区别的。笔者认为，互联网经济、网络经济或信息经济与实体经济的集合才是数字经济的第一阶段，当前数据要素化的阶段也是数字渗透于实体经济的阶段，随后随着数字经济的发展，虚实相融的智能经济阶段即将到来。

二、数字经济的特征

（一）新兴技术的融合

在数字经济的革新浪潮中，新兴技术持续展现出耀眼的活力，如移动互联网、云计算、大数据、人工智能、物联网、区块链等，这些技术正逐步被广泛应用。我们可以清楚地看到，单一技术的影响往往不及多元技术深度融合所产生的。这种融合并非简单的叠加，而是可能产生"1+1>2"的协同效应，甚至可能引发指数级的增长、产生前所未有的复合力量。

在新兴技术融合研究领域，信息物理系统无疑是一项不可或缺的重要存在。该系统旨在将信息与物理世界紧密融合，构建一个综合的体系框架，以实现全面、精准的监管与高效、有序的执行。信息物理系统，作为第四次工业革命的基石，扮演着至关重要的角色，它如同第四次工业革命的引擎，推动数字经济产业驶入数字化快车道。其独特之处在于强大的融合能力，将计算、通信、控制技术与信息、物理世界无缝对接，打破了信息与物理的界限。这一融合不仅使信息世界更加贴近现实，为模拟仿真和演算研究提供了坚实依据，还推动了物理世界的飞速发展，挣脱了时间空间的束缚。信息物理系统无疑是推动工业革命深入发展、引领数字经济迈向新纪元的关键所在。

信息物理系统仅是数字经济新兴技术融合的一个代表。未来将产生更多基于技术融合的新模式、新产业。

（二）数据要素化

相较于传统的土地、劳动力、资本、技术和信息等生产要素，数据要素展现出了更为卓越的流动性、创新性和渗透性。这三种特性构成了衡量生产要素先进性的主要指标。它们确保了生产要素能够高效、广泛地应用于多个领域和地区，显著提升了生产效率，并有效促进了经济与产业结构的优化升级，为经济社会的全面发展提供了坚实的支撑和强劲的动力。下面针对这三个特性，重点比较一下数据要素、信息要素、技术要素的差异。

关于流动性，相比于信息要素、技术要素，数据的传输效能尤为突出，其流转速度堪称一流。从理论角度看，数据因其精细度和标准化程度高，有潜力构建出一种超越互联网、物联网等传统信息化网络的新型数字化架构，这种架构更为通用且结构精简。

关于创新性，技术层面的革新往往伴随着较高的投资风险和较长的回报期限；在互联网经济框架中，信息要素由于信息的不确定、不对称和存在潜在风险，其对环境产生的创新影响难以进行准确的量化评估。与信息要素和技术要素相比，数据要素不仅充分融合了技术与信息的革新潜力，还大幅减少了风险成本，显著提升了效益的回报速度。在数字经济的广阔领域里，数据元素如同精准的导航仪，精确匹配创新需求，全面释放其强大的创新动能。

关于渗透性，对于技术要素来说，由于技术本身具备一定的应用门槛，这导致技术的渗透领域和范围受到一定程度的限制；对于信息要素来说，一方面，信息网络结构的固有特性使其难以达到全面普及，即缺乏普惠性；另一方面，使用者之间的信息能力和信息素养存在差异也成为信息渗透的重要制约因素。此外，信息的可验性、可控性和价值化也没有统一的标准，使需求与供给难以及时对接，阻碍了信息的广泛流传和应用。数字经济的网络化结构保障了数据的普惠性，且数据的标准化比信息的标准化更精确，数据的可渗透性也更高。技术的应用门槛各有特殊性，哪怕是通用技术，应用门槛也和产业、行业技术基础背景有关。但是，数据的应用门槛具有通用性，目前集中表现为数据新基建和数字素养。数据新基建区别于传统工业产业的物理基础设施，既包括以数字技术等新一代技术为代表的信息基础设施，也包括数字化升级的物理基础设施。其通过提供必要的技术和物理支持降低了数据应用的难度。数字素养作为数据的应用门槛，通过提升个人和组织的技能和能力使得数据能够更广泛地被应用和创新。

和其他生产要素相比，数据要素由于具备了融合性，能与其他要素共同作用，产生更迅速、更深度的影响效果。数据要素使万物互联、互融互通，使数据的质和量呈指数级提升。社会经济发展至今，依靠单一的生产要素聚集或多种类生产要素的物理性聚集产生规模效益来突破生产率瓶颈是不可能的。世界发展急需一种可融合各要素，并在其中发挥作用，提升要素融合效用的要素，而这一要素只能是数据。

（三）数据价值化

在当前时代背景下，数据价值化具有举足轻重的地位。数据价值化之所以备受关注，首要原因在于数据本身具备的高价值特征，其内在价值远超传统生产要素。但是，数据的价值往往具有一定的隐蔽性，需要通过科学的方法和手段来充分发掘和释放其内在价值。

在当今全球竞争中，数据被赋予前所未有的战略地位，被视为提升国家实力的关键元素，犹如现代经济的新引擎。数据不仅是核心竞争力的基石，还是潜在的巨大财富源泉。数据可比作资产和资源，在工业发展历程中，资产和资源一直扮演着举足轻重的角色，是国际竞争的焦点。数据与资源、资产之间的相似性，尤其体现在价值层面：数据的价值想要得以实现，必须通过资产化的形式进行流通与交换；同时，唯有作为资源，数据才具备流动的必要性，才能为数字革命不断注入动力。数据资产化的概念揭示了其内在价值，而数据资源化的视角则揭示了它在数字经济发展中的核心角色和表现形式。

尤其值得重视的是，数据以知识和智慧的"基石"形式，深度融入生产及生活的各个领域，将知识和智慧的核心要素内嵌其中，进而全面提升了数据要素所带来的增值效应。这一点与技术的作用有相似之处，但二者还是有明显差异。它们之间的差异体现在：技术，犹如科学原理的实用配方，主要聚焦于解析技术与环境交互的法则和模式，使得技术对环境的影响表现为更直接的价值体现；而数据则如同知识和智慧的基础单元，其核心在于驱动所有元素快速演变、整合与分离，从而塑造全新的运行模式和规律。所以，数据对于外部世界的潜在增值力更为强劲，同时，其价值增长过程具有长期性、动态性、扩散性、多元性和难以预测的特性。这也就意味着，数据元素的价值提升空间巨大，但易受外部环境波动影响，想要最大限度地发掘其价值，对数据资源的配置和管理策略显得尤为关键。

（四）数字化渗透的产业生态的完善

在当今商业环境中，各个行业领域都深谙数据的重要性，唯有丰富的信息才能支撑起精准且明智的决策，才能确保资源的高效整合和成本的有效压缩。同时，企业利用大数据能够降低风险，挖掘高价值的商业机会，从而提升工作效率并强化其市场优势。因此，数字化转型对于各行各业都具有强烈的吸引力。如今，各行业的数字化程度持续深化，日益成为业务发展的必然趋势。

在以前，生产和生活的领域较为独立。然而，随着数字化进程的推进，这个界限正逐渐消融。在全新的数字环境中，人们不仅能在消费中体验到基于数字资产增值的创新模式，即"消费式生产"，同时在生产环节也能发现数据交换带来的全新价值实现方式，即"生产式消费"。以数字化娱乐为例，在这一过程中，用户不再是单纯的接受者，他们甚至能化身内容创造者，通过娱乐活动输出数字化产物。为了满足消费者对数字化产品日益增长的需求，产品运营者可以更好地扮演消费者的角色，运用大数据技术深度洞察用户需求，以此来重塑或提升产品性能。这种生产与生活的无缝融合，推动了数字化力量在各个领域的交融互动与深度合作。

数字产业是数字经济的先导产业，但数字化渗透性强，渗透领域正在不断增加。共享经济、众包众筹、智能制造、数字金融等新模式、新业态的出现说明了数字化渗透已形成了产业新模式、新业态。在此基础上，数字经济新生态是由数字化平台的多领域应用和集成支撑的。数字化平台经济具有结构上的普惠优势，能够帮助相关企业迅速地借助平台力量成长起来，并加强企业、用户、产业行业和外界的链接，鼓励相互间和整体的资源配置优化，支持多方共赢互利，从而完善产业生态。

（五）数字化治理的结构性和系统性升级

随着网络数字化的飞速发展，众多的人、设备与事物被联结，海量的数据被催生，这使得数据管理的需求变得至关重要。过去的管理模式，主要由政府掌控，这种模式在当前数字经济的新格局下显得不合时宜。首先，在经济层面，全面实施数字化治理所需的成本显著增加，期望政府独自承受这一重负并不实际。其次，数字化治理模式与传统模式存在本质差异，它既带来可见的利益，也带来无形的利益，政府若要从中获益，不仅需加大投入，还需解决如何在不偏离其基本职能的前提下，改革治理收益分配的问题。因此，多元主体参与和协同治理的模式更顺应未来的数字化治理趋势。

全球化已深深地烙印在数字经济之中，相应地，全球性的数字化治理也变得不可避免。然而，数字经济领域的全球治理机制尚处于初级阶段，缺乏清晰的规范和策略。有一种观点主张数字化管理必须依托于平台，以克服地域和个体的限制，实现协同管理的理想。假定这一观点成立，那么由谁来搭建和主导这个平台就成为需要考虑的关键问题。预计未来的解决方案将结合"参与者共识"与"平台智能化"。因此，数字化治理的核心挑战可能就在于如何达成参与者的共识。尽管绝对的一致性难以企及，但通过平台的智能化，我们可以追求普惠性、环保性和高效率等目标，而这正是各方愿意投身于数字化治理的基础。建立在可接受目标基础上的共治，而非追求绝对共识，将是推动数字治理前行的关键。

在这里，提到数字化治理的结构性和系统性升级是为了说明一点：由于数字化治理的范围广、涉及的参与者多，数字化治理的结构性和系统性升级问题是必须持续研究和改进的。数字化治理的结构性和系统性不但要简洁且条理清晰，还必须能反映出数字化治理的优势和治理对象的问题。数字化治理的技术、结构、范畴、目标都应随着治理对象和外界环境进行调整。

三、数字经济的框架

起初，数字经济被局限于信息产业和数字产业的领域，然而随着其不断地发展，其概念扩大至涵盖数字驱动的产业创新和传统产业的数字化转型，核心表现为技术驱动下的生产力飞跃。生产力的进步催生了平台经济，平台经济通过优化资源配置和协作模式，推动了产业规模与效能的持续攀升。在这个新型平台架构的驱动下，数字经济的生产关系正经历深刻的创新转型，各参与方之间的互动与竞争呈现出前所未有的丰富性，催生出层出不穷的新业态和新模式。在此背景下，强化创新基础设施建设，尤其是与生产力革新和生产关系演变密切相关的领域已成为投资领域的焦点。在生产力与生产关系变革的显著成效推动下，人们逐渐认识到数字经济的核心在于生产要素的革新。这场变革中，尤为关键的是数据要素化的进程，它以数字价值化为核心表现形式。同时，数字经济的发展推动了生产要素、生产力和生产关系的同步革新，进而驱动数字技术的迭代升级以及相关产业领域的广泛拓展。海量数据的爆发式增长，催生了无缝连接的新业态和新模式，这无疑给如何有效管理和驾驭这些庞大且复杂的系统带来了严峻挑战。因此，提升到战略层面的数字治理，被视为数字经济未来发展的重要基石。

数字经济框架有几种划分方法。第一种是按照经济运行的基本步骤划分为数字化基础设施、数字化媒体、数字化交易和数字交易产品。第二种是侧重生产力和生产关系的划分方法，将数字经济分为七个组成部分，即数字资产、数字治理、数字产业化、产业数字化、数据要素、数字基础设施和数字经济保障体系。第三种是以"技术基础—经济发展—综合治理"为发展线索的划分方法，将数字经济分为支撑层、数据层、商业层和治理层。第四种是从生产要素、生产力、生产关系三个维度，将数字经济划分为数据价值化、数字产业化、产业数字化和数字化治理四部分。

本书综合以上几种划分方法、数字经济扩充的基本思路和改进过程，并根据数字经济当前的实际发展情况，构建数字经济框架。该框架是将数字经济看作在数字基础设施的基础上和在数字经济保障体系的辅助下，通过数据要素化和数据要素价值化革新生产要素，进而变革生产力，形成数字产业化和产业数字化，并在生产关系层面以数据要素为抓手创新治理的多领域变革。

（一）数字产业化

该框架中，数字产业化是数字经济发展的先导产业，其驱动力包含数据要素化对数字产品生产的作用力和数字技术的创新力。数字产业化，亦即信息通信产业的集合，是数字经济发展的基石，为其提供关键技术、优质产品、高效服务和综合解决方案。其涵盖领域广泛，包括电子信息制造业、互联网和相关服务业以及软件和信息技术服务业等。其中，电子信息制造业包括通信导航设备、电子计算机制造、雷达制造、电子工业专用设备、电子元器件制造、电子信息专用设备、广播电视设备。互联网和相关服务业包括电子商务、互联网信息服务、互联网平台服务。软件和信息技术服务业包括软件产品、信息技术服务、嵌入式系统软件、数据产品及服务。

（二）产业数字化

产业数字化是传统产业应用数字技术带来生产数量和效率提升的数字经济部分。产业数字化在数字经济中所占比值不断提升，成为数字经济发展的主体部分。产业数字化包括农业、工业和服务业数字化，以及数字经济新业态、新模式（包括智能工厂、自动驾驶、工业互联网、云经济、在线教育、互联网医疗、线上办公等）。其中，农业数字化包括数字养殖、农业加工数字化、农业商业服务数字化等。工业数字化包括工业互联网、智能制造、数字技术与传统产业的结合应用。服务业数字化包括平台经济和在线服务等。和数字产业化一样，产业数字化的驱动力同样包含数据要素化的作用力和数字技术的创新力。

产业数字化是数字经济的主体部分，而工业数字化是产业数字化的竞争核心。工业数字化起源于 20 世纪 50 至 60 年代的工业设备自动化，从单一设备自动化开始，逐渐向生产线自动化，再向工业设计软件化和企业管理信息化迈进，至 2010 年左右工业向智能化进发。根据现代工业数字化进程，重大的转折在 2010 年左右，工业由自动化、信息化向智能化转变。2000 年到 2010 年是互联网发展普及的 10 年，正是互联网的普及，为工业互联网打下了基础，使工业由信息化向智能化转变有了可能。

（三）数据要素

在数字经济领域，数据扮演着至关重要的角色，作为基本的生产要素，它的概念涵盖了数据产品与数字化生产的所有阶段。数据的要素化特性是数字经济发展的重要标志，体现在数据对产品生产和数字化流程的各个层面的影响。评估数据是否转化为有效要素主要看其是否能提升生产效能和商品价值，同时自身能否增值。这一过程，实际上也是数据价值显现的进程。实质上，数据要素化的体现不仅限于价值增长，还涉及资源配置的优化、创新模式的催生、技术进步和制度变革等多个方面。尽管数据要素化和数据价值化在本质上有所区别，但由于它们相互依存，常相伴发生，人们常常将两者混为一谈，一般都倾向于将数据价值提升的历程视为数据要素化的过程，并将数据价值化划分为数据采集、标注、确权、交易、安全、共享、跨境传输和数据资产化。

在深入剖析数据要素化与数据价值化的区别时，数据要素化被界定为数据作为核心生产要素，深度融入并作用于生产的过程。在这一过程中，数据与其他生产要素相互协同，并凭借其卓越的流通性、创新性和强大的渗透性，有效优化资源配置，显著提升生产效率，推动新业态新模式的形成，有力促进技术升级，并支持制度改造。只有当数据真正融入并驱动生产活动，发挥生产要素的作用，它才具备成为生产要素的实质内涵。数据要素的实际效能体现在其在生产流程中转化为数据、信息、知识，乃至更高层次的智慧形态。数据要素不仅要求其功能的显现，还需不断迭代提升，实现推动数据价值的飞跃，从原始的数据形态升华至智慧的境界。在这个增值进程中不可或缺的是，数据必须经历从源头数据采集、标注、确权、交易、安全、共享、跨境传输等一系列环节。为达成既定目标，我们需在稳固技术与网络基础的同时，着重推进数字资产化的进程。这一进程不仅涵盖数字货币、数据类资产和数字权益类资产的全面整合，还应迈向数字资本化的高级阶段，具体包括数据投资、质权贷款和挂牌交易等多元化形式。此举旨在确保数据要素在价值升值过程中具备源源不断的动力，并能够实现精准的量化核算。而保障数据要素价值升值的这些基础即数据价值化。

（四）数字治理

全球范围内，数字经济的兴起将各个领域紧密相连，海量数据涌现，进而引发了各个行业生产和生活方式的根本性转变。传统的基于资源和要素的竞争合作模式，如今已演变为强调协作与融合的新态势。顺应时代潮流，数字治理在数字经济的生产关系中崭露头角，成为不可或缺的新元素。数字治理包括智慧城市、数字政府、公共安全治理、环境生态治理和数字社会治理。过去的政府单一治理模式已不再适用，数字经济催生了多元化的数字治理架构。数字治理不再是孤立的行为，而是多元参与者共享的新型治理模式。数据与数字技术的融合，赋予了数字治理以包容性和效率提升的特性，使之成为推动社会全面进步的新型治理手段。展望未来，随着治理体系、治理策略、技术创新和治理理念的不断革新，数字治理的能力必将实现飞跃式提升，展现出前所未有的强大效能。

（五）数字基础设施

作为推动数字经济蓬勃发展的基石，数字基础设施涵盖了信息基础设施、融合基础设施、创新基础设施及传统信息基础设施四大类。其中，信息基础设施包括通信网基础设施、新技术基础设施和算力基础设施。通信网基础设施包括5G、物联网、工业互联网、卫星互联网。新技术基础设施包括人工智能、区块链、云计算、量子计算、数字孪生、VR/AR/MR、3D打印等。算力基础设施包括数据中心和智算中心。融合基础设施包括智能交通和智慧能源基础设施。创新基础设施包括产业技术创新基础设施、科教基础设施和重大科技基础设施。传统信息基础设施包括移动宽带、固定宽带和无线局域网。

（六）数字经济保障体系

数字经济保障体系主要包括统筹协调机制、统计与评估监测体系、保障政策和核算体系。其中，统筹协调机制包括数字经济战略规划、数字经济行业发展规划。统计与评估监测体系包括数字经济指标体系、数字经济规模测算、数字经济法律体系、数字经济评估监测。保障政策包括社会保障、人才就业、财政金融保障。核算体系包括数字技术标准、数字技术应用标准和数字经济行业标准。

总体来看，作为数字经济生产力变革的两大核心要素，数字产业化和产业数字化占据了至关重要的地位，是驱动数字经济持续发展的根本动力。数字产业化代表了新一代信息技术的发展方向和最新成果，产业数字化推动实体经济发生深刻变革。数字化治理是社会生产和社会关系变革的核心内容，数字技术和治理理论方法等各方面创新，将对人们的生活和生产带来巨大深远的影响。数字经济的数据要素化和数据价值化，改变了生产要素构成，提升了生产要素及其作用的生产效率和价值，是未来智能化发展的基础，也是数字经济的核心特征。数字基础设施和数字经济保障体系是确保数字经济运行与发展的基础。

第二节　数字经济的技术基础

数字技术作为数字经济的稳固基石，其创新发展的重要性在当前经济发展中不言而喻。根据数字产业化的战略部署，大数据技术为核心数字资源，云计算技术为关键数字设备，物联网技术为高效数字传输通道，区块链技术为安全可靠的数字信息保障，以及人工智能技术为前沿数字智能代表，这五大技术彼此间深度融合，相互支持，共同为数字经济的高质量发展注入强大动力，推动其迈向更高水平的发展阶段。

一、技术架构与内涵

关于数字经济技术的分类，存在多种维度。首先，根据类型划分，数字经济的技术涵盖了以5G、物联网、工业互联网、卫星互联网为代表的通用基础技术，以及以人工智能、区块链、云计算、量子计算、数字孪生、虚拟现实（VR）、增强现实（AR）、混合现实（MR）、3D打印为代表的新驱动技术。其次，根据技术领域划分，可涵盖网络技术、制造技术、信息技术、其他高精尖技术四类。其中，网络技术包括5G、光纤通信和智能宽带等；制造技术包括智能机器人和数字孪生等；信息技术包括虚拟现实、增强现实等；其他高精尖技术包括石墨烯、芯片和量子通信等。最后，根据技术趋势划分，可分为数字化、智能化和渗透式三类。

数字经济植根于当代科技浪潮——我们所称的第四次工业革命。这一革命的核心技术趋势为数字经济的崛起提供了坚实的基础。世界上科技创新活跃的领域包括信息技术、汽车行业、药品制造、半导体、生物科技等。在这些领域当中，信息技术、汽车行业和半导体业为数字经济的核心议题，药品与生物科技与第四次工业革命的三大核心议题紧密相连,它们共同推动着数字经济的进程。由此可看出,数字经济技术领域的创新活力尤为可观。国内最具实力的百强企业在研发上的投入力度不断提升。企业纷纷建立创新实验室、工程研究中心和研究机构等,以强化科技创新能力。数字技术的潜力无穷,它不仅加快了革新性技术的孕育速度,还推动了其发展速度的飞跃。

早期认为数字技术面向应用领域的范式应为以通信、计算、控制的相互融合为基础,但实际上,数字技术将与制造、能源、生物、材料等领域技术交叉融合产生一系列新技术,未来将带动相应的一系列新范式,大幅提高技术能力和应用效率。比较各技术应用情况可以看出,云计算、大数据、人工智能等技术应用更为广泛普及,云计算、大数据、物联网等技术对实体经济渗透性更强,在制造业发挥出较大优势。同时,基于技术集成的数字经济新模式和各领域新应用也不断涌现出来。例如,产业数字化转型的基础技术包含了互联网、物联网、云计算、大数据、人工智能和区块链等技术,加速了产业数字化的场景、行业应用和模式的创新(例如,制造业从单点设备分析向更多应用场景拓展、从单点局部应用向行业体系化应用拓展、从企业内部应用向制造资源整合规模化模式拓展),使产业数字化形成工业互联网、智慧交通、智慧医疗等核心应用。

新基础设施的保障,使数字经济技术在安全、移动、万物互联、高速、智能化、一体化等方面发生质的飞跃,数字经济技术将向更广阔、更高效、更普及、更智能化的方向发展。2019 年 5G 商用落地,其与大数据、云计算、人工智能等技术的链接协同,标志着数字经济技术开始大规模、大范围地实现从研发到应用阶段的转折,技术挑战和技术机遇并存。

二、关键技术

基于对数字经济技术架构及其内涵的深入剖析,在此选取了六个具有显著代表性的热点技术,并对它们进行详尽描述和分析。

(一)人工智能

人工智能技术本质是数据驱动的智慧化替代手段。它侧重于数据的运用,通过深度处理与解析数据来挖掘其潜在价值和实用意义。此外,人工智能并非简单地取代人力，而是巧妙地将人脑的部分职能转由机器承担，从而激发了生产力的爆发式增长，并优化了人力资源配置。在数字经济的版图中，数据被视为关键的生产要素。数字经济高质量的发展旨在依托数据提升生产效率并革新工作方式，实现某些脑力工作自动化。而人工智能技术恰好能够精准对接这一转型需求，在数字经济领域中扮演着至关重要的角色。

全球科技竞争中，各国纷纷将人工智能视为未来的战略高地，竞相投入资源进行研发。欧盟、美国、日本等发达国家在 AI 技术的探索中占据领先地位，在前沿领域的探索中彰显了优势。在这方面，中国也不甘落后，近期积极加速实施其人工智能发展战略，意图迎头赶上。近些年，中国人工智能产业展现出前所未有的活力，其资金注入、交易频率和相关机构的参与度均呈现爆炸性增长，年增长率稳定超过 50%，这种态势持续推动着行业的迅猛发展。全国各地积极投身于 AI 的研发热潮，并积极推动其实效应用。尤其在制造业、医疗保健、交通管理、金融服务等领域，AI 正深刻地重塑经济格局。目前，中国已经稳固确立了全球人工智能市场的第二把交椅（仅次于美国）。

如今，中国的 AI 产业展现出蓬勃生机，众多全球领先的企业在此领域崭露头角。凭借国内大数据和互联网行业的深厚底蕴，以及市场对新兴科技如人工智能的强劲需求，加之政策层面的有力推动，中国的 AI 公司在诸如语音与图像处理等领域已建立了竞争优势。5G 技术的广泛应用与迭代，为人工智能的深化发展提供了强大引擎，进一步推动了相关技术的革新和系统优化。然而，尽管成就显著，我国在人工智能基础理论研究、核心框架和智能硬件设备方面仍有待加强，这意味着我们在科研创新上仍有广阔的成长空间。

（二）区块链

区块链技术，本质上是一种分布式数据库，它以其去中心化的特性，展现出高度的可靠性、透明性、安全性和可追溯性。此技术革新性地解决了互联网集中式数据共享的问题，确保了每个节点在网络架构中的平等地位，进而形成了一个普惠式的、高效运行的网络体系。在这样的框架下，数据归属清晰，信息传递更为直接高效，交易过程因加密技术的融入而更加公平和安全。在网络安全技术的坚实保障下，共识机制的构建显得尤为可靠，从而更容易获得社会的信赖与支持。

区块链技术在数字经济领域扮演着关键角色，它推动了数据要素资产化，确保了数据的公平链接和安全追溯，以及建立了基于数字化的共识信任体系。这使得数据得以在安全、公平和可信的环境中流动和交易，从而驱动数字经济的稳健增长，兼顾公平、包容与可持续性。区块链技术始终以其核心优势，如数据主权强化、交易公正以及信任机制创新，深度影响着数字贸易、农业、制造业、物流业、公共服务和社会安全等多个领域，展现出卓越的实践价值。

为解决国内和国际贸易中数据确权、数据安全、隐私保护、信任机制等问题，采用区块链技术可以提高贸易流程的透明度和贸易标的的可追溯性，确保产品和服务质量，增强信任；简化贸易文件、流程，确保数据的安全流通和监控。当前，区块链应用的领域包括金融业、政府档案、数字资产管理、投票、政府采购、土地认证/不动产登记、医疗健康、能源等。

农业数字化和工业数字化属于产业数字化的一部分。区块链在农业数字化中的应用主要是农产品质量安全追溯，实现农产品全周期全链条的透明化监管。同时，区块链可建立数字化信任机制，打破信息不对称，加速信息数据流通和交易过程，解决农产品供应链各参与主体缺乏相互信任、产供销不平衡、供应链运转效率低和管理成本高的问题。区块链在制造业中的主要应用包括：为工业设备提供可信标识并对设备情况进行监管；发挥在研发、设计、生产、采购、库存、物流等方面的信息共享与供应链协同管理作用；实现工业产品全生命周期追溯。针对物流业，区块链可以实现运输凭证签收写入区块链存证，构建物流征信生态及社会信任机制，实现物流溯源监管及信息共享，进而提高效率、保障效益。

区块链在民生领域的应用包括交通、医疗和公益慈善行业等，重点在于保证数据的完整性、真实性、不可篡改性和隐私性，保障监督和追溯权限，解决信任危机问题。在政务服务中，基于区块链的数字身份认证、电子证照和电子票据，数据在政府和个人之间能够可信地共享、共用，实现数字化的政务服务。在司法治理中，区块链重点应用在数字版权保护和电子司法存证上，两者主要利用区块链的时间戳、可追溯和不可篡改特性，保证信息的可信度和真实性。在公共安全管理中，区块链用于灾情监测及预警，实现多层级信息及时共享，协同统筹管理，高效分工和分配，提高效率和公信力。

随着区块链技术的发展，区块链在数字经济中的应用和价值日益凸显。区块链即将在理念、价值和管理模式上对社会经济发展带来深远的影响。

区块链技术具有去中心化、信息不可篡改、透明可追溯、开放性、自治性、匿名性等特征，正在成为解决产业链参与方互相信任的基础设施——信用价值网络，将在全球经济复苏和数字经济发展中扮演越来越重要的角色。

近年来，随着区块链逐步应用于金融、供应链、工业制造、智能制造、医疗健康、司法存证、农业、能源、社会公益、政府管理和疫情信息监测预警等领域，各国政府及监管机构对区块链技术及其研发应用的态度越来越积极，国内外学者与科研机构对区块链领域的研究成果不断涌现。一些国际组织，如联合国、国际货币基金组织等，还有一些以英、美、日为代表的发达国家，均对区块链技术的进展表示了深切关注和高度重视。对于我国，据不完全统计，截至 2019 年 12 月，国家层面共计出台 40 余部区块链相关指导政策。截至 2020 年 12 月 31 日，中央各部委及各省市地方政府发布区块链相关政策至少 600 部。29 个省市的"十四五"规划提出大力发展区块链，彰显对该技术的坚定支持与期待。如 2021 年颁布的《中华人民共和国国民经济和社会发展第十四个五年规划和 2035 年远景目标纲要》中，区块链被正式列为新兴数字产业的重要组成部分。该纲要明确强调，要推动智能合约、共识算法、加密算法、分布式系统等技术的创新，以联盟链为重点，打造区块链服务平台，并在金融科技、供应链管理、政务服务等领域广泛应用，同时完善监管机制，确保区块链技术的稳健发展。当下，全国很多地方已掀起区块链产业热潮，这一新兴技术正与互联网、大数据、AI 等尖端科技深度融合，成为各领域的革新引擎。众多领军企业崭露头角，形成强大的产业集群，产业生态日益繁荣。区块链不仅是数字经济蓬勃发展的核心动力，还是强国建设的基石，助力国家治理体系和治理能力迈向现代化新征程。

我国区块链专利申请量在世界占据领先地位，全球占比超过半数。不断涌现的创新成果为区块链发展提供了安全可控的技术支撑，产业生态初具规模。当前，我国上市的区块链企业通过自主研发、合作研发、投资持股等方式开展区块链业务。其中，以自主研发为主的企业占比较大，此类上市企业集中分布于金融、软件信息服务等细分行业。这些企业凭借自身多年的技术积累和产业服务经验，通过设立区块链事业部，建立相关研究院、实验室或投入研究经费，持续开展区块链技术底层平台的研发和相关领域的应用实践，并且已有部分相应技术研究成果落地。另有多家上市企业通过积极申请区块链相关专利建立相关领域的先发优势和技术壁垒。

（三）云计算

作为一种特殊的分布式计算形式，云计算崛起的核心驱动力源自互联网环境下的数据爆炸性增长。这些数据量超出了传统互联网架构处理的能力范围，然而，市场需求对数据的渴望并未减退，反而对数据质量的标准不断提高，这就催生了云计算和云平台的创新应用。它们的出现，成功地调和了这一矛盾局面。在数字化经济的新纪元，它们不仅扮演着不可或缺的角色，而且预示着广阔的技术融合前景和在各个领域的革新可能性。云计算与云平台的潜力远未穷尽，未来将继续引领技术革新潮流。

云计算由三类数字服务构成，分别是基础设施即服务（IaaS）、平台即服务（PaaS）和软件即服务（SaaS）。在云计算当中，IaaS市场位于产业链上游，是PaaS和SaaS的基础。我国当前IaaS较为成熟，PaaS高速增长。随着数字经济背景下企业数字化转型需求提升，我国SaaS成为发展热点。

对于数字经济来说，云计算提升了算力和网络水平，提高了生产力和生产效率，是新基建的重要组成部分，也是数字化转型的关键基础要素。当前云计算有两大新趋势（云原生和分布式云），都对数字经济发展起到了关键技术支撑作用。其中，云原生是一种可以充分利用云计算优势构建和运行应用的方式。云原生技术为数字中台建设提供了强有力的技术支撑，帮助用户更加聚焦业务能力，最大化应用开发的价值。分布式云是云计算从单一数据中心部署向不同物理位置多数据中心部署、从中心化架构向分布式架构扩展的新模式。分布式云对于物联网、5G等技术的广泛应用起到重要支撑作用，其核心云边协同顺应各相关行业基于边缘计算和设备的分布式转型需求，加速了各相关行业的数字化转型进程。

按照产业结构来看，云计算产业链的上游供应商为第三方互联网数据中心（IDC）企业以及包括服务器厂商、网络运营商和网络设备厂商在内的基础设备提供商，同时，IDC厂商需要向基础设备提供商采购。产业链下游为云生态，包括基础平台和云原生应用等，云计算厂商负责提供 IaaS、PaaS 和 SaaS 等服务。

从产业链整体趋势来看，各大 IaaS 厂商竞争力的差距主要来源于云计算基础服务的创新程度、行业解决方案的成熟度和服务实施效果。因此，建立整体云生态，聚合产业链上下游合作伙伴，是提高 IaaS 厂商市场竞争力的重要途径。美国 SaaS 市场获得了快速发展，SaaS 产品的传统商业模式也在美国获得了极大的成功。我国公有云 SaaS 市场发展与全球整体市场有一定差距，目前已经形成了三大阵营，包括创业公司、互联网巨头和进行云转型的传统软件公司，未来发展潜力巨大。国内外云计算市场持续扩张，市场规模日趋庞大。下游扩张的情况下，云产业链上游的数据中心流量同步快速增长。

云计算技术具有超大规模、虚拟化、高可靠性、通用性、高可伸缩性、成本低廉、速度快、效率高等优势。云计算关键技术将在传统和新兴市场均发挥关键作用。未来随着技术发展和行业应用需要，云边协同、云网融合、云原生将成为提高算力、改进模式、布局基础设施的三大新发展趋势。

（四）5G 技术

在 3G 和 4G 时代，数据在品质、完整性以及多元性等方面存在明显的不足，无法满足数字经济中万物互联对高质量数据的需求。5G 不仅将各类别、来源和领域的大数据无缝融入网络，而且凭借其超凡的带宽扩展能力，实现了数据传输速度的飞跃，成功应对了物联网边缘数据处理的巨大挑战。这使得移动互联网得以拓展，开始支撑起一个广泛的设备连接网络，进而深刻影响了智能电网、自动驾驶、工业控制等新兴产业。5G 不仅解决了前代通信技术在数据问题上的痛点，更为重要的是，它在原有基础上构建了一套统一且标准化的数据传输体系，打通了从数据采集到实际应用的全链条，为万物数据的融合以及相关技术的深度融合提供了强有力的基础设施。

增强移动宽带（eMBB）、海量机器类通信（mMTC）和超高可靠低时延通信（uRLLC）是三大 5G 应用场景，4K/8K 视频、百万级生产要素实时互联、99.9% 以上的高可靠性、毫米级时延和毫米波等技术指标的达成，以及 5G 与其他相关技术（物联网、AR/VR、AI、边缘计算等技术）的结合，满足了当前制造业转型的基本需求。5G 以其卓越的高速率、低时延、高可靠性和广泛覆盖性正逐步渗透到我们生活与生产的每一个角落。预计在不远的将来，它将在制造业、交通运输、建筑、公共事业和采矿等五大领域大放异彩，带来重大收益与变革。

2019年，中国颁发5G牌照，标志着中国正式进入5G的商用元年。国内厂商在5G的主要技术领域取得国际竞争优势。

5G取得了巨大的进步，6G研发工作也已经开展。显然，万物互联互通的数字经济时代，需要频段和传输速度更高、延迟更低、支持个性化用户需求、无需基站、可靠性更高、覆盖更全且费用更低的"升级版5G—6G"。

（五）物联网

物联网之前被定义为将可感知设备、可独立寻址的物体进行互通互联的网络。这一定义具有明显的互联网和上一代移动互联网特征。在这一定义下，物联网普遍分为感知、网络、平台和应用层。此时，物联网要实现智能化目标，选择的是人工智能的辅助方法。"物联网＋人工智能"能够实现辅助驾驶、自动驾驶、生物识别、健康监测等功能。

数字经济时代，物联网被赋予了新的内涵和标准。"物联网"不再局限于物体之间的互联，开始成为数字经济进程中的关键驱动力。当万物互联的大幕开启，物联网与5G、区块链、边缘计算等前沿技术的深度交融，如同打通数据的无形壁垒，消除了传统意义上的人与机器、物的孤立状态，孕育出一个全新的万物融合生态。

详细来说，数字经济中的"物联网＋区块链"技术构建了一种全新的数据生态系统。通过无缝追踪产品生命周期的全部历程，各参与方得以基于实时数据进行深度协作。物联网与前沿边缘计算技术的结合，有效应对了海量终端数据的质量与规模挑战，提升了数据处理的效率和容量。作为底层架构，物联网更聚焦于驱动上层平台的智能化升级，通过优化服务和应用，实现系统的智能化转型。其对人性化服务的追求表现在能根据用户的个性化需求提供定制化的软硬件解决方案。同时，5G以及卫星网络的革新性运用，正在有力地重塑物联网的基础架构，解决其过去存在的标准化不一、兼容性差和分散管理的问题。

当前全球物联网连接数保持高速增长，伴随着数字经济向各产业渗透，物联网有从消费物联网连接主导向产业物联网连接主导转变的趋势，预计未来在工业、交通、健康和能源等领域增长最快。尽管物联网行业发展态势良好，但是仍然在统一标准、平台整合、安全性和成本等方面存在问题，目前物联网行业正集中力量从技术、政策和经济角度去攻克这些难题。

（六）数字孪生

数字孪生是 21 世纪的新兴产物。这一概念 2003 年第一次被提出，直至 2010 年才获得业界比较认可的定义，尔后直至 2017 年才进入公众视野并引发热议。其延迟受到认可的原因在于，作为一种复合型创新技术，需要等待核心的科学技术成熟以后，才能与科技融合并进行实际应用。近年来，数字经济的崛起，为数字孪生技术的繁荣提供了理想的舞台。然而，机遇与挑战并存，构建数字孪生的关键挑战在于如何整合高性能计算、多元物理尺度及多物理量等领域的核心技术。

鉴于数字孪生技术所涵盖内容的广泛性与复杂性，其确切定义尚未形成统一共识。我们在这里引用一种普遍认可、便于理解的概念加以阐述：数字孪生是充分利用物理模型、传感器更新、运行历史等数据，集成多学科、多物理量、多尺度、多概率的仿真过程，在虚拟空间中完成映射，从而反映相对应的实体装备的全生命周期过程。

数字孪生的独特价值体现在它构建了一个从实体世界到数字化镜像的映射，与 CPS 技术路径的传统走向截然不同，这是一种创新性的思维反转。这种反转不仅催生了数字孪生与 CPS 技术的双向互动，而且证实了虚拟与现实环境之间存在动态的互相影响，验证了理论设想在实践中的可行性。鉴于其深远的影响力，全球主要经济强国纷纷响应，如英国和美国，他们已经将数字孪生提升至国家战略的核心地位，积极推动其发展。

数字孪生的主要能力包括物联感知、全要素表达、可视化呈现、空间计算、模拟仿真等。CPS 技术是先进制造的核心技术，应用于能源、建筑、交通等领域。因而，与之路径相反且思路逆向的也可用于以上这些领域。当前，国内的数字孪生技术主要应用在城市、交通、能源、工厂、医疗、水利等领域。其中，取得率先突破的是小空间区域的数字治理。

第三节　数字经济的宏观和微观经济学

一、数字经济的宏观经济学

首先，我们从宏观层面着手，对数字经济所带来的深远影响进行详尽分析，并对政策取向进行深入探讨。

（一）数字经济、创新与就业

1. 数字经济、创新对就业的影响

在数字化浪潮持续深化的当下，我们日益清晰地认识到技术变革对经济社会发展的深刻影响。其积极影响在于，创新的商业实践犹如催化剂催生了前所未有的职业领域，短期内信息技术的广泛应用开发了传统行业的生产力潜能；消极影响则表现为，每次技术革命都会带来就业结构变革、引起失业，这也一直是社会各界广泛关注和深入讨论的重要议题。

在传统的经典经济理论中，曾经有这样一种观点，即科技对经济的作用是均衡的。这种理论框架在探讨科技对经济的影响时显得过于简化，因为实际上科技革新对经济格局的影响往往是非线性和不平衡的。科技进步常常通过简化生产流程来提升效率，同时催生出全新的产品和服务，然而，大多数研究往往聚焦于前者，对由此带来的就业结构变化缺乏关注。研究结果显示，就业市场的短期收缩并不必然导致长期的失业状态，更常见的是工资水平的调整。科技发展能够激发劳动力市场的再配置，虽然短期内会导致失业率上升，但也能促使失业者通过转行或提升技能重新进入劳动力市场。

相较于传统的经典经济理论，新熊彼特学派对于技术创新及其影响的研究显然更加严谨和科学。这一研究自初始阶段就着力于探讨不均衡现象。这一学派的研究者强调，发达经济体正经历信息技术驱动的经济结构转型。这个变革过程既孕育又消灭了大量的就业机会，孕育还是消灭的关键在于，在日新月异的科技变革浪潮中，工作岗位的创造与消失的程度究竟如何，以及科技被接纳与融入社会生活的速度究竟有多快。值得注意的是，新的就业机会与消失的职位在空间分布和所需技能上存在显著差异，这导致一定程度的劳动力配置失衡。此外，劳动力市场适应经济结构调整的速度也起着决定性作用，它界定了失业的类型，是属于劳动力市场能较快自我调整的短暂的摩擦性失业，还是成为更长期的技术性失业。

新熊彼特学派也定义了产品创新，产品创新包括带来新的产品或提升产品的质量以及对生产过程的创新两部分。生产过程的创新被认为是引入新的生产方法，其能够带来更高的生产率，伴随着劳动力和资本的节约以及价格下降的可能。这种变化带来的结果通常是产生高生产率和高失业率，但如果创新提高了产品质量或降低了价格，增加的需求可能会带来更多就业机会。

而新产品的出现，可能是彻底的创新（新出现的事物），也可能是基于过去事物的创新或模仿其他国家或公司的产品。大体上说，产品的创新提高了产品的质量，增加了产品的多样性，这可能会出现新的市场，从而实现更高产量，带来更多就业机会。但新产品也可能只是旧产品的替代物，其经济影响有限。另一种情况可能是新产品仅仅减少了成本，其影响与生产过程的创新影响相似，取决于需求变化的情况。

新产品进入市场可以被分为消费品、中间品或资本产品，分别对应着消费者、公司和投资者。此外，创新的投资产品具有双重属性，其既属于产出者的新产品，也会最终在购买方变成生产过程的创新。其对就业的影响也要分开讨论，对于生产者的就业影响是正向的，但对于投资产品的行业来说，其就业影响可能为负向的（当新增需求不足时）。

然而，在日常经济活动中，新产品和新生产流程往往是同时出现的，之后还会伴随模仿者的出现，并且公司也可能将新产品和新生产流程应用于其他行业，因此对就业的影响就会在经济活动中扩散开来。

创新与就业的动态过程是十分复杂的，在实证研究层面，这种扩散效应的研究主要从特定的科技出现及其后续演进过程出发，也可以通过企业或行业的调研数据来展现新产品与新生产流程出现的影响。传统的研究与开发投入和专利数据无法捕捉到模仿者和新生产流程的影响。

从整体来看，技术创新对劳动力友好的局面只有在市场具有竞争性和灵活性，同时对产品和劳动力还具有一定的需求弹性的时候才会出现。

而公司层面的创新带来的就业影响是直接的，学术界对该问题进行过大量的研究。实证研究主要利用公司的年度调研面板数据，研究的行业涵盖从细分制造业到服务业。研究结果表明，公司层面的创新对就业有积极的促进作用。不论是产品创新，还是生产过程的创新，公司都将进入高速成长期，其雇员数也相应增长，这个结论在不同领域、不同大小和面临其他不同因素（公司结构、竞争环境、灵活性等）的公司均同样适用。但只局限于公司层面的研究，无法解释这种高速扩张与就业增长是否建立在其竞争者受损的代价之上。

行业层面的研究表明，那些需求高速增长且产品（服务）导向型的创新带来的就业影响是积极的，但生产流程创新往往造成工作岗位减少。综合来看，创新的影响取决于具体国家和某个时间段，但更高速的需求增长会带来更积极的就业促进作用。

近来的研究结果表明，数字经济的发展可能对就业有积极的促进作用。有学者认为，数字经济降低了经济中的搜寻成本。宏观经济学中遵循经典的搜寻匹配的劳动力市场分析的传统，有学者分析了搜寻成本下降对劳动力市场的影响，认为搜寻成本的下降将同时降低失业率与空岗率。经实证研究发现，使用网络继续求职的申请者找到工作的概率更高。

从就业和失业数据看，近年来，中国劳动参与率有所下降，其变化更多是受人口结构与宏观经济环境的影响。就美国劳动参与率的长期趋势而言，1950年至今，美国劳动参与率并未因科技的影响而显著变化。从中国失业率的变化来看，波动多与经济变化有关，并未因数字化而出现大范围的失业。在这一点上，美国也有类似的情形，失业率高的时候，往往是美国经济或金融出现危机的时候。

2. 数字经济下政府就业政策的目标和工具

就业乃政策之要，政府财政、货币政策皆以之为目标，多维度考量，权衡利弊，力促其稳定与发展。具体如下。

第一，长期目标与短期目标。主流理论倾向于将长期目标交托给财政政策，而货币政策则展现出长期货币中性的特质。财政政策旨在确保充分、稳定和公平的就业，但需注意，长期与短期目标间或存在冲突。例如，财政对劳动力市场的长期调控，可能会被短期货币政策的逆周期操作干扰，甚至打断。因此，政策制定需审慎。

第二，就业目标的设定可能暂时性地与其他国民经济调控的核心指标如潜在产出目标与通胀率目标等产生一定的冲突。这种冲突在短期内尤为显著，其动态关联在菲利普斯曲线的分析中得到了充分的体现。

第三，就业总体目标和结构目标的冲突。劳动力市场的结构性问题，若未能得到妥善解决，将显著加剧贫富差距，引发不同社会群体在工资和就业机会上的显著差异，甚至可能演变成为严重的两极分化。因此，政府在制定相关政策时，务必全面考量并平衡总体发展目标与结构性调整目标。

第四，效率和公平之间的权衡。数字技术作为一种未来极具潜力并可能影响国民经济全局的技术，能够提升生产效率，因此政府应该引导其健康发展。然而其在发展过程中对就业产生的负面作用也会显现，甚至会非常激烈，这就需要政府认真做好效率和公平的权衡。

调控工具如下。

第一，产业政策工具，包括对数字经济及其相关产业的扶持和优惠。在实际运行过程中，需要注意产业政策可能带来市场扭曲和资源浪费，政策应旨在引领市场方向、解决市场存在的固有问题而非破坏市场本身的效率。

第二，政府服务。加快政府服务转型，加大政府在人才培养、市场匹配方面的支出，提升劳动力技能并与 AI 等先进数字技术匹配；减少劳动力市场摩擦，提供必要的服务和帮助；降低市场供需双方的搜寻成本，提高匹配效率。

第三，效率和公平的利弊权衡。理解数字化给就业市场带来的正向和反向的作用机制，避免错误的二分法和顾此失彼。尽量增强数字经济对就业的创造效应，削弱其在短期内对劳动力的替代效应和收入分配效应；认识到发挥数字经济补偿效应的同时可能对效率产生的破坏。

第四，税收及补贴工具。应避免为了发展数字经济而对数字产业或资本收入过度补贴，应当合理调节劳动收入在国民经济中的份额，在生产效率和社会公平之间做好科学决策，提高政策制定和实施的合理性。

（二）数字经济与收入分配

随着新时代经济模式的崛起，数字革命开创了前所未有的经济价值生产模式，前沿的数字化技术已成为驱动科技进步与经济增长的核心引擎。这些革新力量不仅重塑着经济的格局，也在一定程度上重塑了价值分配的法则。在全球化进程和制度环境的影响之外，技术长期以来普遍被视为造成收入差距的重要因素。

研究科技进展与收入分配的关系时，学者们的关注点主要集中在技术偏好的革新上。这种变革导致了技术熟练劳动力与缺乏相应技能人员之间薪酬结构的显著差异。历史经验表明，技术创新驱动了生产效率的飞跃，同时也显著提升了拥有相应技术技能的劳动力的收入，数字技术的发展同样遵循这一规律。

与此同时，数字化与自动化的快速发展，正悄然削弱人类劳动力的市场需求。机器人运行的成本越来越低，当其显著低于人工成本时，人力可能被机器人所替代。这预示着某些职业领域将不可避免地受到人工智能技术的深刻影响。

从资本和劳动的份额来看，收入分配恶化的重要根源是利润收入的扩张与劳动收入份额的下降。实证研究显示，21世纪以来，企业税前与税后利润占美国国民收入的份额不断上升，而在国民收入中，劳动收入份额不断下降。

作为全球数字经济最为发达的国家，美国为何会陷入收入分配恶化的局面呢？近年来，美国的"超级明星"企业现象，即美国各行业的平均集中度快速上升可能是其中的一个原因。20世纪80年代以来，美国各行业前四与前二十大企业的市场份额持续上升。行业中大企业集中度的上升，使得各行业的垄断程度上升，进而企业的平均成本加成，即平均利润率也持续上升，各部门的集中度与部门整体的劳动生产率呈明显的负相关关系。

从微观结构看，在数字时代，公司间的不平等变得更为显著，这也在一定程度上造成了收入不平等。行业领袖可以通过巨大的研发投入，不断稳固其领先优势，而在其中工作的员工也普遍具有更高的收入。但是，雇员的收入与投资人、所有者和高级管理人员的收入差距仍较大，此外，未能进入"超级明星"企业的劳动力收入可能会持续下降甚至被淘汰，这更加剧了收入不平等。

（三）数字经济与贸易

全球数字化进程使国际贸易格局产生了重大变革，它不仅削减了贸易的经济负担，还强化了全球经济的一体化，催生了前所未有的贸易潜力。以先进的机器翻译技术为例，这种技术有效地扫清了语言障碍，极大地推动了国际贸易的发展。数据显示，由于这一技术的应用，美国对讲西班牙语的拉丁美洲国家的出口额较之前增长了17.5%。

对于地理位置带来的挑战，数字化服务可有效简化国际贸易流程。与实体商品不同，数字服务和数据传输成本遵循截然不同的规则，这在一定程度上降低了对交通设施，如陆路、海路和空运的依赖。对于那些地理位置偏远的发展中国家而言，投资移动设备和数据基础设施的经济成本实际上远低于传统的物流成本。因此，通过积极投入并发展数字产品和服务领域的人力资本，这些国家能够巧妙地绕过地理限制和技术鸿沟，借此为自身开辟出崭新的发展契机。

数字化不仅促进了全球商品和服务贸易的规模扩张，还增加了国际贸易中服务增加值的占比。全球出口总额中服务增加值占比超过50%，制造业产品出口额中服务增加值占比超过30%，服务已经深深嵌入国际贸易制成品中。

此外，数字经济还催生了新的贸易范式——数字贸易。由于数据和数字技术在国际贸易中变得越来越重要，国际社会对数字贸易的讨论不断深入。虽然目前尚未对数字贸易形成统一定义，但从不同定义中可以看出，大家所关注的数字贸易的范围在不断扩大。经济合作与发展组织（OECD）将数字贸易定义为以数字或实物交付的数字化商品和服务贸易，涉及消费者、企业和政府。在欧洲议会2020年报告中，数字贸易则被广义地归纳为四类：第一类，通过电子方式生产、分销、推广、销售或交付商品和服务；第二类，在传统方式下，数字商品（包括具体产品和服务）的销售或运输；第三类，服务贸易范畴内的信息传输或储存；第四类，不分是否有偿的跨境数据流动。

国家间愈加紧密的数字联系使如何治理跨境数据流动成为国家间贸易摩擦的重要原因。跨国数字贸易的规则成为近年来国际贸易谈判的焦点。

然而，数字贸易问题异常复杂，这不是一个纯粹的经济问题，它还与国家安全、知识产权保护以及消费者保护等议题相关联。即使仅从税收层面考虑数字贸易政策，它与传统贸易政策在目标与手段上也存在区别。

（四）数字税与数字货币

1. 数字税

在全球数字经济迅猛发展的浪潮下，新兴商业模式如雨后春笋般涌现，这无疑给现行的税收制度带来了前所未有的挑战。数字税作为这一进程中的必然产物，其与数字经济和数字贸易紧密相连，共同推动着全球经济的数字化转型。

（1）数字税的基本内涵

由于当前税制体系主要设计依据是传统产业的特性，因此在面对数字型企业时，难以实现公平合理的税收征收。这一状况导致了传统产业与数字化产业在税负方面存在不公平的现象。为此，欧盟在 2018 年正式提出"数字税"，或者说"数字服务税"这一概念，旨在应对数字经济时代的税收挑战，确保税收的公平性和效率性。确切而言，数字税的产生是国际社会自 20 世纪末起，经过对电子商务税收政策深入且持久的探索所取得的重要成果。在这期间，国际社会曾陆续提出多种税收改革方案，包括改革常设机构定义、预提税，以及完善反避税措施等。

法国数字经济税收工作组在 2013 年正式发布了"Colin 和 Collin 报告"，该报告明确建议对在法国境内进行用户个人数据的收集、管理以及商业利用行为征收一项"特殊税"。这一提案为构建完善的数字税体系奠定了坚实的基础，并为后续数字税政策的出台提供了有力的理论支持。此后，多个国家纷纷开始设立数字税的尝试性工作。2014 年，匈牙利引入了广告税，基于广告净收入，对广告发布媒体按最高不超过 50% 的累进税率进行征税；2016 年，印度引入平衡税，对非居民企业的广告总收入按照 6% 的税率进行征税；2017 年，意大利引入数字交易税，对基于互联网或电子平台提供服务的企业，按照其服务价格 3% 的税率征税。2017 年 9 月，法国联合德国、意大利、西班牙三国发布了《关于对数字化经营企业征税的联合倡议》，建议欧盟对数字化企业在欧盟境内获取的收入征收均衡税。

现行国际税收规则体系包含物理存在、单独实体、独立交易三大利润分配原则，而这三大原则很难在数字经济中进行定义。作为解决数字经济税制问题的两大巨头，欧盟委员会与 OECD 计划提出一种以无实体的应税存在、全球单一实体、适当公式分配为特征的征税联结度和利润分配方法，也就是一种超越现行国际税收体系的全新税收体系。在这一进程中，欧盟委员会与 OECD 均认为数字税只是一种临时性的应对经济挑战的措施。

2015 年 10 月，OECD 在其发布的《应对数字经济的税收挑战》中，结合直接税和间接税，以及税基侵蚀与利润转移等问题，全面阐释了数字经济对税收的影响。2018 年 3 月，欧盟委员会通过《关于对提供特定数字服务收入征收数字服务税的统一标准》，正式提出了数字税的定义。随后，欧盟委员会于 2018 年 11 月在《数字服务税指令》中声明，如在 2021 年之前未达成一致性框架，则强制推行数字税以应对新时代的经济挑战。2020年10月，OECD税基侵蚀与利润转移包容性框架发布了应对数字化带来的税收挑战的"支柱一""支柱二"蓝图报告，在"支柱一"蓝图报告中分析了世界各国实施的数字税，就征税联结度提出新的利润分配框架，并在"支柱二"蓝图报告中提出了对数字税的约束规则。

（2）数字税的基本形态

需要注意的是，数字税并非一种新的税种，而是围绕数字经济展开的一类税收。数字税的概念有广义与狭义的区分，广义的数字税是指对数字服务交易征收的各种税的统称，在实践中，数字税具有较高的政策灵活性。对数字服务交易征税有四种常见的形态。

①狭义数字税

狭义数字税是对数字服务供应商取得的数字服务收入征收的一种税，是最简单的数字服务征税方式，在实践中也最为常见。狭义数字税仅针对供应商的收入，而不考虑供应商的所得（指收入减去可以扣除的成本、费用等项目后的余额），极大地简化了计算税收的流程。在实践中，征收狭义数字税往往需要配合更加灵活的政策，避免对企业"一刀切"。例如，法国在征收数字税时，从纳税人、应税服务范围、税率等多个方面明确数字经济的征税范围。

②流转税

根据现行的税收体系，在某些特定的情况下，征税机关可以衡量数字产品的成本。当数字产品的成本可以衡量时，数字税可以按照货物劳务税的形式进行征收。货物劳务税包括增值税、消费税、营业税和出口退税四个部分，其中增值税和消费税常用于数字税的实践形式。例如，新加坡对跨境B2C数码服务商和B2B导入的服务以反向收费机制对其征收消费税。

③预提税

预提税是指一国税务机关依法对企业所得税进行预先扣缴的税收征管措施，是一种专门针对跨境输入的数字税。针对传统经济的预提税很早就有，如我国税法中的相关规定，外国企业在中国境内未设立机构、场所，而取得来源于中国境内的利润、利息、租金、特许权使用费和其他所得的，或者虽设立机构、场所，但上述所得与其机构、场所没有实际联系的，都应当缴纳10%的所得税。

从形式上来看，预提税是向提供线上订购商品或服务的非居民企业所得的某些款项单独征收的总款项，也是征税联结度与利润分配机制的主要征收机制和执行工具。截至目前，还未有国家制定出预提税非常具体可行的措施。印度的"平衡税"可以看作一种预提税的体现，但仍有不少缺陷。

④反避税措施

在前三种常见的形式之外，还有针对特定大型公司的反避税措施。这些措施需要结合具体实践情况逐一分析，往往需要多方合作商谈才能具体确定，往往会与反垄断、数据治理等内容统筹考虑。例如，2019年，法国拟直接基于这些大型科技公司在法国的营业收入，而非利润来征收数字服务税，税率为3%。然而，这一税收却有可能被亚马逊以转嫁的形式规避。例如，亚马逊法国分公司曾计划通过上调佣金的形式，把可能征收的3%数字税直接转嫁给第三方卖家。

（3）从宏观经济角度考虑征收数字税的必要性

①税收公平与价值再分配问题

大型数字企业依托本地商业环境与消费者共同创造了大量的商业回报，但这些回报却被企业独占。如何合理地分配这些由企业、用户和属地政府共同创造的商业回报，成为数字时代的一大挑战。我们将从国家层面和消费者层面分别论述这一价值再分配的可能性。

第一，税收公平性。从国家层面来看，现行的税制对传统企业形成了一套行之有效的监管体系，而对数字企业的税收监管却存在漏洞，导致传统企业面临比数字企业更高的税负压力，违背了税负公平原则，使得产业之间的横向公平难以得到有效保障和实现。这种现象使市场资源配置更加不合理，处于劣势地位的传统企业节节败退，甚至黯然离场。相比之下，数字企业在资源丰富的商业环境中蓬勃发展，丰富的资源成为它们价值塑造的关键。然而，这些重要资源的贡献在现有税制体系中却未能得到相应的认可和回馈，数字企业并未对经营所在地贡献相应的税收。有鉴于此，即将推出的数字税有望打造一个更为公正的商业环境，让每个企业都能在公平的赛道上竞相发展。

第二，用户创造的价值。对数字企业数据获利的监管同样充满挑战。在数字经济浪潮中，消费者既是享受服务的用户，又是创造价值的"生产者"。他们的行为数据，如同珍贵的宝藏，被企业深入挖掘，转化为广告投放的精准指南，进而助力企业铸就市场收益与权益。而在现行税制下，数字消费创造的价值主要被数字企业占有，消费群体等公共人群作为数据提供方并未获得对等收益，公众的权益受到损害。征收数字税有利于将消费者创造的价值重新分配给大众，激励消费者对数据价值进行再创造，并将用户创造的价值归还给用户。

②税基侵蚀与利润转移

税基侵蚀与利润转移问题正是欧盟委员会与OECD关注的重要问题。我们将从两方面进行介绍。

一方面是征税主体。谁来征税，是数字经济给现有的税制带来的一大挑战。与传统经济相比，数字经济独特的虚拟性和隐蔽性特征极大地增加了政府在征税和监管方面的挑战。目前，我们所实施的税制主要基于属地原则，然而，对于数字经济而言这并不是很合理。随着数字技术的迅猛发展，各国消费者的消费倾向和消费方式发生了深刻变化，同时，跨境数字企业也能够利用"荷兰三明治"的避税方式轻松地将利润转移至低税国家，这侵蚀了各国的税基。此外，由于数字企业无须设立常设机构，仅依托互联网就可以实现产品与服务的销售，根据现有的常设机构规则，税务机关难以确定价值生产地与税收管辖权。正由于各国的税制不同，数字企业便可以通过海外交易等方式，避免在所属国家交税。由于海外国家也难以实现对数字企业业务的追溯，数字企业便可以合法规避大额的税赋。谷歌、苹果、亚马逊等跨国数字经济巨头经常利用各国税制差异和征管漏洞，通过转移定价、避税地设立子公司等方式转移利润。结合欧盟与OECD的探索，在数字税的实施中，可以完善对征税主体的认定过程，强化各国税收机关的作用，保障各国税基稳定。

另一方面是数字企业的价值。数字经济的特点决定了数字企业的价值难以测算。数字经济具有高流动性，数字企业以轻资产为主，无形资产占据主导地位。鉴于许多数字企业拥有多元化的收入来源和广泛的业务线，传统经济企业的收入划分原则在数字企业中可能不再具备适用性。数字经济对数据资源的依赖程度极高，数据成为数字企业生产的核心要素并能产生显著的经济价值。然而，互联网、大数据、云服务等数字业务的界限相对模糊，这给征税机关带来了挑战，使其难以按照传统经济收入的分类原则，准确界定各类数字业务的收入属性。在征收数字税的过程中，必须实现对无形资产的测度，以及对数字业务的收入划分，以此保证对数字企业价值的正确衡量。

③本土企业保护

在传统经济下，世界各国均有对本土企业的保护政策。在数字经济时代，对本土企业的保护也是难以回避的问题，我们将从跨国企业的市场垄断和不正当竞争两方面介绍数字时代的本土企业保护。

一方面，市场垄断。一些来自数字经济发达的国家的大规模数字企业，凭借先进技术和市场营销优势，迅速占领全球市场，给本土企业带来巨大压力。这些非居民数字企业控制力增强，形成市场垄断，影响本土企业发展。为应对此，为扶持本土企业的发展，一些国家采用了对特定规模以上的企业征收数字税的方式，以增加其营业成本，抑制其形成市场垄断势力。同时，国家也会通过反垄断部门，获取大型互联网公司的数据资料，实现对非居民大规模数字企业的实时监管。

另一方面，不正当竞争。数字经济的交易绝大多数是通过网络完成的，很难对消费者做进一步确认，交易具有难以追溯的特性，这导致了市场上的不正当竞争问题的出现。部分大型数字经济企业为了抢夺市场，会以更低的价格出售数字服务，挤出本土数字企业，构成市场垄断势力。此外，也有部分数字企业违规使用用户数据，获取用户私人信息以占据更大的市场份额。这些不正当竞争行为导致本土企业难以发展。数字税的征收，一方面，构建了更加透明的市场环境；另一方面，征税活动也有助于抑制数字企业不正当竞争行为的发生，保护了本土企业的发展。

2. 数字货币

（1）数字货币的基本概念

与数字货币相关的概念有电子货币和虚拟货币。其中，电子货币，作为法定货币的电子化形态，是金融信息系统中法定货币的电子化体现，如储蓄卡、信用卡等。其存储形式主要为磁卡或账号，旨在实现便捷的储藏与支付功能。在价值上，电子货币与法定货币等值，确保金融交易的规范性和准确性。虚拟货币，顾名思义，是指一类虚拟性质的货币，具有广义和狭义之分。从广义角度来看，电子货币和即将提到的数字货币都属于虚拟货币；从狭义角度来说，虚拟货币是指在互联网环境下，由特定网络平台发行并仅在网络虚拟空间中流通的一种类货币形式，如各大网络游戏公司所推出的游戏币、各论坛的积分等。其本质属性源于网络的虚拟性，所以这种货币又被叫作网络货币。

数字货币是一种具有高度技术性和创新性的虚拟货币形式，其构建基于节点网络及数字加密算法，体现了现代金融科技的最新发展。其主要特点是，第一，鉴于当前数字货币领域的现状，多数基于开放算法的数字货币在发行环节上并未明确设立发行主体。因此，这些数字货币的发行过程并不受任何个人或机构的直接控制（这里不包括下文提到的发行受货币当局的严格控制的央行数字货币）。第二，数字货币总量被算法解固定，避免了货币超发的情形。第三，数字货币在交易过程中需要网络中的各个节点形成共识，因此数字货币的交易过程相对安全。

（2）数字货币的类型及特点

根据发行主体不同，数字货币可分为私人数字货币和央行数字货币。

①私人数字货币

私人数字货币起源于2008年由中本聪（Satoshi Nakamoto）提出的比特币，目前比较主流的私人数字货币主要包括比特币、天秤币和以太币等。有学者认为，任何以分布式账本技术和去中心化支付为特征的电子形式的货币或交换媒介都可以称之为私人数字货币。那么，应该如何理解这两个名词？为此，我们有必要先介绍区块链的概念。

区块链起源于比特币，是比特币的底层技术。简而言之，区块链可以视为一项技术先进的分布式账本和数据库，它具备了显著的去中心化特质、信息的不可篡改性、全程记录与追溯能力，以及集体维护和公开透明的机制。这些显著特性确保了区块链技术的可靠性和透明度，为其在构建信任体系方面打下了坚实的基础。区块链有着广泛而多样的应用领域，能够解决信息不对称的问题，实现用户间的信任与协作行动。从技术层面来看，区块链涉及密码学、互联网、计算机编程等诸多学科。

举个例子，我们目前的金融体系使用的是中心化的记账方式，如果甲给乙汇款10 000元，那么银行在甲的账户里减少10 000元，在乙的账户里相应增加10 000元，银行就担当了这个中心化记账的第三方。银行的存在，本质上其实是解决甲乙双方的信任问题。而在区块链的去中心化记账体系中，甲和乙的交易信息都自动记录在账本里，不存在银行这个第三方。区块链每隔一定时间（通常是10分钟）形成一个新的账本，把所有的最新交易信息全部记录在这个账本上，然后发给所有用户进行同步。区块链的每一个链（或数据块）都是一个新增的账本，然后链接到之前已有的账本上,这就形成了一个不可篡改的账本记录,这个账本记录所有用户都可以下载。

此外,这个账本存储在整个区块链中被授信的节点里,每个节点都可以复制并保存一个分类账,且每个节点都可以进行独立更新:如果一共有1 000个授信节点,那么意味着这个账本同时储存在这1 000个不同的节点中,这就是所谓的分布式记账。分类账的更新是由每个节点独立构建和记录的,节点还可以对这些更新进行投票,以确保其符合大多数人的意见,这种投票机制又被称为共识机制,会通过算法自动运行。共识一旦达成,分布式分类账就会自行更新,分类账的最新商定版本将分别保存在每个节点上。分布式记账解决了信任问题,减少了对银行、政府等中心机构的依赖,也解决了消费者权益、财务诚信和交易速度等方面存在的问题。

除了去中心化和分布式记账之外,私人数字货币还具有匿名性、可编程性、加密性、自治性等特征。

匿名性是指数字货币的用户可以在发送交易指令时选择匿名或显示其身份,发送方或接收方都不需要识别身份或提供任何其他个人信息。但在特定条件下,这种匿名性是可以控制的,例如,瑞典央行计划发行的数字货币——电子克朗就遵从有限匿名,若数字货币存储金额低于一定数量,则无须实名登记,但若超过该金额则须实名。可控匿名性通常在货币当局发行数字货币时采用,在保障了正常匿名需求的同时,也保证了当局在打击洗钱、恐怖融资、逃税方面的追踪能力。

可编程性,作为数字货币的关键特性,体现在其运行于区块链或分布式记账系统之上,并具体表现为计算机代码的形式。其交易过程严格遵循计算机程序间的交互机制,确保账户与地址之间的精确、可靠的数据交换。这种特性实质上是通过数字化的交互,即账户和地址之间的代码对话来体现的。智能合约这一创新应用,源于其内在的可编程逻辑,它如同一道精密的自动化规则,只有当预设的条件满足时,才会由计算机强制执行,确保公正且不可撤销。这增强了中央银行监控数字货币流通路径的能力,使其在政策调控中拥有更高的精度和流动性预测能力。可编程性也推动了交易流程的革命性简化。传统的金融机构烦琐的结算环节被自动化程序取代,许多金融交易得以实现实时清算,大幅提升了交易速度和效率。资金周转周期缩短,运营成本也随之降低,这标志着金融交易新时代的到来，效率提升和成本节省成为显著特征。

加密性是指数字货币采用先进的加密算法保障交易数据不被盗用、窃取和侵犯。数字经济时代，数据隐私侵犯和个人信息泄露的问题越来越严重，而金融交易数据恰恰是我们最重要、最有价值的数据。数字货币的加密性可以有效保护我们的交易数据。当然，这种加密性并不是100%有效的，因为加密算法可能被破解，加密系统可能被恶意攻击。

自治性是指数字货币基于协商一致的规范和协议，通过一系列公开透明的数学算法，建立一整套自治机制，使得系统中的所有节点都能在具备信任的环境中自由安全地交换数据，任何人为的干预都不起作用。这使得人们可以不需要中介机构的帮助，就可以在系统中进行点对点、端到端的交易。

根据赋值方式的不同，私人数字货币可以划分为两类。一类是基于区块链的原生代币，指依赖于区块链系统并在该系统内产生和使用的数字货币，又称加密数字货币或加密币。加密币通常使用密码学原理来确保交易安全及控制交易单位，以比特币为代表。另一类是在区块链上发行运营，但与链外资产或法定货币挂钩，价格不会在短时间内大涨大跌，具有稳定价值的加密数字货币，称为稳定型加密币，又称稳定币，如脸书发行的天秤币就属于稳定币。

②央行数字货币

央行数字货币（CBDC）是指由国家货币机构（通常是中央银行）或者国家货币机构授权的机构所发行的数字货币，也叫法定数字货币。从目前各国央行的实践来看，央行数字货币一般承担以下三种职能：一是电子货币，即作为对现金和银行存款的补充，主要发挥交易媒介的作用，在这种情况下，央行保持数字货币与现金和银行存款间的平价和自由兑换；二是作为通用储备货币取代现金发挥价值储存的作用，在这种情况下，央行一般会保持数字货币和银行存款之间的平价，但不是自由兑换；三是充当主权账户货币和记账单位，在这种情况下，央行承担了在经济中创造和发行货币的唯一责任。

在 CBDC 的发行范畴中，根据发行对象的具体差异，可明确将其划分为批发型 CBDC 与零售型 CBDC。其中，批发型 CBDC 主要面向特定范围内的大型金融机构，进行限定性发放，以满足其特定业务需求；而零售型 CBDC 则广泛覆盖普通居民与企业部门，旨在服务广大民众与企业的日常经济活动。

央行数字货币的运营体系由两种主要模式构成，即单层运营体系与双层运营体系。在单层运营模式下，中央银行承担着数字货币的全方位管理职责，这涵盖从发行到运营，再到构建货币钱包和交易系统。也就是说，在这个模式下，中央银行直接面向公众推行数字货币，确保其在整个流通环节中的运作。相对地，双层运营模式与传统的货币发行模式相仿，中央银行首先会把数字货币兑换给银行或其他运营机构，然后，公众通过这些第三方机构获取并使用数字货币。在双层级体系中，中央银行有权选择性地开放特定领域，允许这些机构参与。各国在实际操作中选择何种模式，往往取决于国内的独特条件，比如金融系统的稳定性、金融市场基础设施的成熟度、监管要求等多元因素。

2021年7月，中国人民银行发布了《中国数字人民币的研发进展白皮书》，展示了中国的法定数字货币——数字人民币的设计框架。

数字人民币只是法定货币的数字形式。数字人民币与实物人民币具有相同的基本功能。例如，价值尺度、交易媒介、价值贮藏等功能。此外，数字人民币同实物人民币一样，是以国家信用为支撑的央行对持有者的负债，具有法偿性，它只是法定货币的数字形式，目的是充分满足公众日常支付需要，提高零售支付系统效能，降低全社会交易成本。它将与实物人民币长期并存，二者具有同等法律地位和经济价值。

在我国数字人民币的发行和流通过程中，实行中心化管理模式，中国人民银行占据核心角色，它对选定的机构进行数字人民币的发行及全生命周期管理。而这些被选定的机构肩负着将数字人民币引入大众市场及确保其流通的任务。发行工作由中央银行主导，商业银行则携手中央银行，共同维护和支持数字货币的流通和发行。这就是数字人民币的双层运营体系。该体系一方面通过商业银行的合作能够分散人民银行的风险；另一方面也能够避免对商业存款的挤出效应，防止金融脱媒。

数字人民币高度重视个人信息与隐私保护，遵循"小额匿名、大额依法可溯"的原则，确保相关交易遵守反洗钱、反恐怖融资等要求。同时，人民银行内部对数字人民币相关信息设置"防火墙"，进行严格的制度安排，禁止任意查询、使用。

（3）央行数字货币对宏观经济的影响

央行数字货币对宏观经济的影响如下。

①对支付体系的影响

零售型 CBDC 与批发型 CBDC 的发行都会对支付系统产生明显的影响。

零售型 CBDC 对支付系统的影响主要体现为以下三点。一是促进无现金支付的发展，降低私人数字货币的大量流通。一方面，零售型 CBDC 直接减少了现金的使用，促进了无现金支付的发展；另一方面，零售型 CBDC 减少了私人货币的使用。由于私人数字货币使用的前沿数字技术对金融系统的影响极大，因此，货币当局需要开发数字货币以维持金融系统的稳定。二是推动支付产业的竞争与发展。零售型 CBDC 兼备安全性和高效性，丰富了第三方支付机构的数量，防止现有电子支付工具形成垄断，促进金融体系的效率提升。三是提升国家支付体系的稳定性。零售型 CBDC 可以显著降低交易成本，促进经济发展落后地区移动支付的发展，提高支付系统的稳定性和金融包容性。

批发型 CBDC 的用户范围较为局限，仅限于能够获取央行准备金的商业银行、清算公司或其他金融机构，因此其发行对大额支付结算体系有较大影响，主要表现如下。一是批发型 CBDC 能够提升金融机构间的工作效率。通过改善银行间结算系统，使复杂的支付流程更加高效。二是批发型 CBDC 增强了支付体系的拓展性。CBDC 允许银行在无须央行担保的情况下持有其他国家中央银行的准备金，因此增强了支付体系的拓展性和可操作性。

②对货币需求和货币创造的影响

关于 CBDC 对货币需求与创造的影响方面，学术界主要对零售型 CBDC 进行了探讨。相比于批发型 CBDC，零售型 CBDC 的应用场景并不固定，因此对各个部门的货币需求函数影响更大，甚至对商业银行吸纳存款与放贷的能力产生影响，并且这一影响在 CBDC 具有生息性的情况下将会更大。

探究 CBDC 货币创造的机制，核心在于理解决策者如何设计和实施 CBDC 的信贷流程，这通常涉及 CBDC 对传统银行业的冲击及其发行模式的探讨。首先，CBDC 的流通可能导致现金使用减少，也可能排挤银行存款，从而推高利率，增加银行的融资成本，进一步压缩银行的信贷规模和在中央银行的准备金。在极端情况下，这可能导致金融市场去中介化。即使是没有利息的 CBDC，也可能产生类似效应，挤占银行存款。这些转变会体现在货币乘数上，表现为银行超额准备金比率的降低和现金流失率的提高，间接地动摇了货币乘数和货币创造过程。

然而，如果 CBDC 引入市场竞争，可能削弱商业银行在存款市场的地位，因此，CBDC 的发行可能不会导致银行业的去中介化，不一定会减少银行的贷款业务，还有可能因存款规模的扩张增强其作为金融中介的角色。

③对货币政策的影响

具有生息性的 CBDC 能够更加显著地影响货币政策传导机制，而不计息的 CBDC 发行对货币政策及其传导机制的影响较为微弱，这是因为不计息的 CBDC 可以限制 CBDC 与商业银行存款之间的竞争。计息的 CBDC 对货币政策的影响主要体现在以下两个方面。

一方面，计息的 CBDC 能够丰富货币政策工具，使央行具有更多的政策选择，在某些情况下甚至可以实现负利率。当然，也有学者指出，计息的 CBDC 与现金同时存在可能会削弱央行使用 CBDC 来调控经济的效力。

另一方面，CBDC 的发行提高了货币政策的精准性。CBDC 能够与其他有息资产进行相互转换，这使得各部门对利率的敏感性提高，从而提升了货币政策调控的时效性。在传统货币体系下，中央银行对信贷的流向难以控制和监管，调控如果不精准会造成更大的经济波动。通过 CBDC，央行可以获取及时且更为准确的信息，为调控经济创建有利的环境。

④对金融稳定与金融监管的影响

CBDC 的发行是否影响以及如何影响金融体系的稳定性，是各国政府十分关心的问题。2020 年，国际清算银行提出，央行不应为了发行 CBDC 而牺牲金融体系的稳定性。一方面，CBDC 的发行降低了支付信用风险和商业银行的垄断力。CBDC 的发行使得私人部门都能够在支付系统中使用央行的货币，这使得支付系统中的风险大大降低，也削弱了大型商业银行的垄断地位，有利于金融系统的稳定。另一方面，CBDC 也有可能损害金融系统的稳定性。一是 CBDC 有可能会导致金融脱媒。居民和企业可以便利地将银行存款转换为央行数字货币，导致金融中介规模收缩，金融波动性增大，从而会导致结构性的金融脱媒以及央行信贷分配过程的过度集中。二是 CBDC 提升了挤兑风险。在金融系统发生风险时，央行数字货币为社会公众快速转换安全资产提供了渠道，从而可能会加剧商业银行的挤兑问题。

CBDC 的机制设计会对金融系统的稳定性产生不同程度的影响。如果 CBDC

的机制设计优良，那么其能够提升支付系统的弹性，同时，央行也可以通过调控 CBDC 来防止金融脱媒等现象的发生。

在金融监管层面，CBDC 的发行可以有效降低反洗钱、防恐怖融资、反偷税的成本。由于具有可控匿名性，CBDC 可以进行全程管理，对货币流通实现全流程监控，这使得不法活动的空间大幅缩小。与此同时，相较于传统货币而言，CBDC 在流通领域展现出了显著的优势。具体来说，CBDC 的流通更为迅速，流通的地域范围更为广泛，同时其流通规模的变化也呈现出更为快速的趋势。也正是由于这些特性，CBDC 若缺乏央行的有效管控，可能引起金融体系的动荡。所以，强化对金融机构数据获取和运用的监管显得至关重要。同时，为了抵御金融风险，国际合作的深化以及监管策略的精细化，同样是推进金融稳定不可或缺的一环。

⑤对社会总产出的影响

关于 CBDC 对社会总产出的影响可以从多个维度考虑，需根据具体经济体的特性和 CBDC 的发行策略来进行综合分析。

约翰·巴德尔（John Barrdear）与迈克尔·库姆霍夫（Michael Kumhof）作为先驱者，首次将 CBDC 融入宏观经济学的动态随机一般均衡模型之中，并进行了深入的分析与研究。在这个模型中，假定中央银行采取购买政府债券的措施以发行 CBDC，此举预期有效降低实际利率水平，进而促进经济发展并提升社会总产出。另外，CBDC 对社会总产出和社会福利水平的影响与其利率设定以及信贷市场的竞争态势关系匪浅。具体而言，若 CBDC 与商业银行存款之间有竞争关系，那么 CBDC 的普及会将银行的一部分利润转移至其他部门。此外，CBDC 也提升了金融的包容性，刺激了家庭储蓄和消费，这有利于经济总产出和社会福利的提升。

并非所有研究都认为 CBDC 的发行和普及会显著提升经济的产出水平，在一定条件下，CBDC 与商业银行存款之间的替代效应可能对总产出没有影响。有些学者的研究结果表明，CBDC 在短期内对产出的影响并不显著，这与我们在上一节中提到的结论是一致的。

⑥对国际经济的影响

在开放经济条件下，CBDC 的跨境发行可以降低国际资本市场的交易成本和信息搜寻成本，减小摩擦，提高国际资本的流动性，并提高欠发达国家或中小企业的金融普惠性。同时，许多国家跨境发行 CBDC 也为跨国贸易和投资提供了多种可替代的支付方案，那些可靠性较高的 CBDC 将脱颖而出，形成一定的市场规模，并改善该国货币在国际外汇储备中的地位。另外，本国居民使用多种货币也可以使本国的外汇储备多样化。

尽管 CBDC 的跨境发行和使用可以使国家间的金融联系更加紧密，但也可能会给本国及他国的货币体系带来风险和挑战。

第一，随着国家之间的金融联系日益紧密，经济波动的国际溢出效应也随之扩大。CBDC 与其他货币的自由兑换在带来效率提升的同时，也放大了国内资本市场和外汇市场的风险，国际市场的金融风险也有可能传递至国内。

第二，零售型 CBDC 的跨国发行可能会加剧国际货币体系的不对称性，尽早推出 CBDC 的国家会有一定的先发优势。

第三，本国零售型 CBDC 在其他国家广泛流通可能会影响本国货币政策的独立性，会使本国的货币政策立场以及金融风险水平受到其他国家的影响。一方面，发行数字货币的央行可以增加铸币税收入；另一方面，本国数字货币的外部需求波动可能会引发本国的国际资本流动大幅变化。这些都给本国央行带来了新的挑战。央行在制定货币政策时不仅要考虑本国的情况，而且要考虑对其他国家和全球资本市场的影响，而货币政策工具在国内和国外可能无法实现一致的目标。

第四，跨境发行与使用的 CBDC 可能会与其他国家的主权货币产生竞争甚至冲突，如果发达国家的 CBDC 流入欠发达的国家或地区，那么很可能会对弱势国家的货币产生替代效应，进而损害弱势国家的货币主权。当然，从长期来看，CBDC 带来的货币竞争还可以促进国家间的风险分担，跨境使用 CBDC 可以帮助弱势国家的企业和家庭更好地管理资产风险。

因此，中央银行应该谨慎设计零售型 CBDC 的跨境方案，通过限制 CBDC 的收益或外国居民的持有数量等方式来降低风险。

二、数字经济的微观经济学

以下我们将从微观层面对数字经济的微观主体及特征、数字经济的微观市场结构及竞争进行详尽阐述。

（一）数字经济的微观主体及特征

平台企业，如谷歌、亚马逊、阿里巴巴、腾讯等，无疑是数字经济时代最典型的商业模式和组织形式。它们是连接供需的桥梁，通过高效连接供需双方或者多方，有效降低了信息不对称程度，从而显著减少了交易成本，并极大地提升了整体运行效率。

自 20 世纪 90 年代 Windows 系统崭露头角以来，学术界对平台生态系统的探索日益深入。这一领域内的多元形态可大致分为三大类别。首先是产品开发平台，它是一种基础架构，只需微调模块，即可催生创新产品，也被称为内部平台。其次是战略创新平台，这些平台往往由单一或多家企业主导开发，例如谷歌的腾三福，为其他企业提供了创造互补产品、服务或技术的基石，被部分研究者称为外部平台。最后，我们的讨论焦点落在了产业经济学视角下的平台类型，特别是那些从市场互动和网络结构层面解读的平台。这类平台以其独特的交互功能闻名，典型的有亚马逊、爱彼迎等。下面我们将以双边市场为切入点，深入剖析这一类平台的特性及其影响。

与古典经济学中的单边市场不同，双边市场将两个不同但相互依赖的客户群集合在一起。平台通过连接这些客户创造了中介价值，并从各方收取适当的费用（或提供补贴）使交易双方保留在平台上。此外，平台需要吸引各方到平台上进行交易，但卖方不能将平台对其收取的费用完全转移给买方。此时平台存在的意义在于能够有效地采用交叉补贴策略，对卖方和买方施加不同的价格策略并对其产生不同影响。

双边市场与单边市场的核心区别在于其独特的定价模型。传统经济学框架强调完全竞争市场的均衡价格等同于边际成本。然而，平台经济学揭示了一个新的观点：为了实现最大利润，产品的定价策略并不直接受边际成本影响，而是由定价模式而非单一的价格点决定。这其中的关键在于如何设计收费结构，因为它直接影响到终端用户交易的数量，而不仅仅关乎总体费用的高低。

双边平台的更一般形式是多边平台，多边平台与双边平台在本质上没有区别，双边平台是多边平台的简化形式。多边平台将用户与各种服务和应用程序供应商连接在一起。多边平台将更多的利益相关方纳入平台中，研究者往往先从双边平台入手，然后把研究规律推广到多边平台。

平台经济的蓬勃发展是多重因素共同推动的结果，但归根结底离不开交互、基础设施、数据这三种核心要素，三者间的关系是层层递进的，奠定了数字经济的微观经济学逻辑。

第一种核心要素是交互。既可以是商品的交互，也可以是数据的交互、信息的交互，它并非平台经济所独有。在信息时代，平台上的各参与方的身份是多重的，既可以是买方，也可以是卖方。此外，平台上还有需求协调者，如软件平台、操作系统和支付体系等。它们既不进行交易，也不买卖信息，但协调了用户的需求以避免重复劳动而增加额外成本。

第二种核心要素是基础设施，包括计算机、移动电话、云端服务器等信息通信设备、相关软件及服务协议。在平台上，数据及元数据可以被编码，并通过部署算法来处理数据点之间的关系；同时使用协议来配置数据、软件、硬件之间的无形联系。因此，平台也可以被视为代码和商业的特殊结合。当平台有了牢固的可模块化的基础设施，此时平台的可塑性和延展性也会得到增强，这也可以解释为何平台天然具有非常强的创新能力。

第三种核心要素是数据。有人说，"数据是信息时代的石油"，实际上在重要性和价值上，数据和石油可以并驾齐驱。但两者仍然有细微差别。一方面，石油是消耗品，而数据可以重复使用；另一方面，石油强调"所有权"，数据更侧重于"接触权"。作为信息时代的关键生产要素，数据的产生与流动衍生出新的价值网络。因此，对数据的"接触权"或"使用权"是平台通向扩张的"入场券"。虽然数据的储存、运输成本都非常低，但数据被处理成信息后能带来可观的价值。

国际清算银行的研究报告也指出，数据分析、网络外部性和相互交织的活动三者构成了科技巨头平台商业模式的关键特征。用户作为平台的一方（如电商平台上的销售者），参与的益处随着另一方的用户数量（如购买者）的增加而增加。网络外部性为用户产生了更多用户和更多的价值。与此同时，更多用户带来了更多的数据。对数据的分析既能提高现有服务的质量，又能吸引更多用户。这一"相互交织"的过程彼此促进，彼此增强。

（二）数字经济的微观市场结构及竞争

在数字化转型的大潮中，平台和平台企业展现出独特的竞争优势，其代表性特征就是范围经济。传统的商业模式受限于单一行业或狭窄的产业链界限，然而，平台型企业凭借其强大的用户聚合能力、先进的信息技术架构和海量的数据资源，实现了商业疆域的突破性扩张。实际上，数字化进程几乎重塑了原有的产业划分规则，打破了原有的边界限制。

在数字经济蓬勃发展的当下，科技巨头与平台的垄断态势正逐步成为政府和社会公众高度关注的重要议题。平台企业凭借其显著的范围经济特征，极易造成少数平台长期占据市场主导地位的现象。这种局面不仅不利于良性市场竞争的健康发展，还对消费者福祉构成了严重威胁。

近期的研究发现，伴随着平台经济的全球扩张，市场结构呈现出显著的集中化现象，尤其在发达国家中，这一现象尤为明显，其中美国市场的主导地位尤为突出，其增长速度是发达经济体平均值的两倍。值得注意的是，这种集中趋势并非均匀分布在所有行业中，而是更多地集中在那些非传统制造业，特别是那些高度依赖数字技术的新兴领域。

这种变化导致市场越来越倾向于少数平台，这种情况往往还是国际化的。市场的集中度和范围经济使平台企业可以获取经济利益。同时，市场的进入壁垒也越来越高。主要原因有五点：一是规模带来的低成本，使其他企业难以竞争；二是网络效应使现有产品难以替代，这也使竞争对手难以获取用户支持；三是数字化对于数据的依赖以及隐性知识的使用会在一定程度上阻碍技术从领先企业向落后企业扩散，进而偏向规模较大、生产效率更高的企业；四是平台企业可以通过收购初创企业维持领先优势；五是平台企业可以通过设定行业技术标准等手段增加市场进入壁垒，降低用户的流动性。

第二章　数字经济的发展实景、路径与远景

数字经济正在推动全球经济结构的深度变革，重塑着生产、交易、资源分配和消费模式的全球连通性。推动数字经济发展就要明晰当前数字经济的发展实景、路径与远景，这样才能从多个维度有效实施数字经济发展策略。

第一节　数字经济的发展实景

一、信息技术驱动数字经济发展

（一）数据要素驱动数字经济发展

在 2020 年，《关于构建更加完善的要素市场化配置体制机制的意见》印发，其中明确将数据纳入国家定义的要素市场化配置范畴，使之与土地、劳动力、资本等传统要素并列，共同构成我国要素市场化配置的重要组成部分。

数据要素，作为一种独特且重要的生产要素和无形资产，与土地、资本和劳动力要素并列，其在推动经济增长、提升生产效率方面扮演着至关重要的角色。"在不同的生产技术和生产水平下资本具有不同的功能，数据资本在经济增长中所起到的作用与传统资本存在不一样的地方。数据可以进入研发、生产、匹配等多个环节，为增长提供新的动力。科技的发展不断改变着资本主角的阵容，从土地资本、商业资本、制造资本、金融资本逐渐走向数据资本。"[1] 新的社会财富持续不断地孕育出海量的数据，这些数据犹如无尽的宝藏，源源不断地为社会经济的迅猛发展提供关键的战略支持。数据元素引领的发展模式如今已与传统的劳动力和资本驱动模式齐头并进，共同致力于提高经济发展的品质和

---

[1] 许正中.关于数字经济的答问[M].北京：国家行政学院出版社，2022：12.

效率，锻造经济发展的新高度。

数据具有非竞争性、可复制性、互补性、外部性和指数级增殖性，这些特性使得数据能够突破传统生产要素稀缺性的限制，为经济的可持续发展提供保障。数据是数字劳动必不可少的条件，它贯穿了数字经济活动的全部过程，提供了客观物质条件。在数字资本主义时代，数字技术被视为劳动能力的延伸，这一点在多个方面得到了体现，它以固定资本的形态体现，逐渐与劳动资料融合。我们都知道劳动者、劳动资料、劳动对象是数字劳动的生产力三要素，通过分析不难看出其中更加具有技术性的是劳动资料，劳动对象是数据，而更具创新性的则是劳动者。

数字经济化时代生产方式变革的起点是劳动资料的数字化，具体涵盖数字本身成为劳动资料和传统劳动资料的数字化。劳动资料的数字化，既是以往活劳动的成果，也对之后的活劳动提出了新要求，影响了劳动过程中活劳动与劳动资料的具体结合方式。数字技术的发明和应用推动了劳动资料和劳动对象的数字化转型。数字经济以使用数字化的数据、信息和知识作为关键生产要素，使数字劳动不同于传统的体能劳动，而是以智力、创造力为主导的非物质劳动。

商品的生产和流通是一个较长的过程，在这期间会消耗很多的时间和成本。数据作为关键生产要素，在减少时间和降低成本方面起到了不可忽视的作用。首先，从操作层面来看，利用数据可以优化生产流程设计，使劳动效率得以提升，劳动中断和资源闲置时间得以缩减，同时购销环节的时长也随之减短，这些都直接推动了资本周转周期的加速，提升了资本流动的速度。其次，通过改进生产资料管理，降低了物料消耗，进而减少了库存管理和维护成本。此外，这种改进也降低了企业在寻找合适的供应商和销售渠道时的成本负担。这意味着，同等资本投入下，企业能雇用更多的劳动力，从而创造出更大的价值产出。如何在数字经济中提高流通效率和减少交易成本呢？流通费用理论给我们做出了解答。流通和生产二者同等重要，随着时代的发展，传统的商业组织体系被替代，数字经济中流通环节的形态和逻辑改变，全新的流通渠道和交易空间已经形成。数据生产要素通过多种途径在生产和流通两个方面进行价值增加的推动行动。

数据作为新的生产要素，其特性与传统资源有所不同，展现出一定程度的非竞争性。首先，数据的即时获取往往伴随着低廉的成本，并能广泛获取；其次，数据的应用可以在瞬间完成；再者，某一主体对特定数据的采集、管理及运用，并不会影响其他主体对相同数据的使用可能性。

为了有效实现数据资源向数据资产的转化，必须确保数据能够妥善存储、顺畅流通以及高效利用。创新的数字经济生态推动着数据与信息的即时获取、共享与交换，极大地增强了信息的透明度和流动性，不仅显著提高了交易速度和精确度，还有效削减了交易成本，从而促进了生产效率的提高。保障数据流转的安全与高效，是驱动数字经济发展引擎的关键。依托先进的信息技术架构，精准的数据能在恰当的时间，通过最优途径，准确地抵达适宜的人工智能设备或人员手中。信息技术的蓬勃发展，催生了数据量的指数级膨胀，其增长速度远远超越了摩尔定律的预估。

在当今全球化经济的脉络中，海量数据的生成、管理和累积已成为关键趋势，大数据随之跃升为与自然资源、人力资源并列的关键战略资产。它犹如科技创新的催化剂，为数字经济的繁荣注入了源源不断的活力。可以说，掌控大数据就意味着把握了未来发展的先机和竞争优势。大数据的普遍应用正在重塑传统的思维方式和生产工艺，进而优化资源配置，激发创新活力，并提升宏观经济管理效能，其影响力与日俱增。步入产业互联的新纪元，大数据与云计算联手驱动数据在数字经济中扮演起关键角色。大数据技术的应用范围日益拓展，从医药健康、环保科技，到教育科研、工程设计，以及国家安全等领域，展现出巨大的潜力。

（二）通信基础设施驱动数字经济发展

中国致力于构建数字强国的宏伟蓝图，近些年，我国的网络基础设施建设取得了显著进步，其中移动通信网络和光纤通信网络等在全球范围内首屈一指，对数字经济发展提供了坚实的保障。如今，数据中心的规模正急剧扩大，站点布局策略愈发精细，固定和移动宽带服务同步增强，覆盖范围不断扩大，服务质量稳步飞跃，移动数据流量的消耗继续保持强劲的增长态势，网络速度提升的效果尤为明显。

我国在半导体集成电路领域已取得积极进展，虽然美国的垄断地位短期内难以撼动，但相对实力正朝有利于我国的方向发展。信息与通信相关领域的技术正在不断快速迭代更新。硅基芯片和元器件是信息技术发展的基石。然而，硅基芯片的制程工艺已经接近物理极限，尺寸微缩逼近物理极限，升级难度日益加大，摩尔定律面临失效。同时，晶体管结构创新加速，碳基晶体管运算速度快，存储能力强，推进芯片制造工艺能力升级，有望满足新型半导体芯片发展需求。而且，系统级设计和多质多维封装同步深化，有利于进一步提高芯片集成度。

2019 年 6 月，工业和信息化部向中国电信集团有限公司、中国移动通信集团有限公司、中国联合网络通信集团有限公司和中国广播电视网络有限公司颁发了基础电信业务经营许可证批准这四家企业经营"第五代数字蜂窝移动通信业务"，我国进入 5G 商用时代，5G 和互联网协议第 6 版（Internet Protocol Version 6，简称 IPv6）等领域的布局加快推进。5G 技术是通信行业的新动力，正对整个移动生态系统产生巨大的推动作用，对经济社会发展的影响巨大，已被多个国家提升为国家战略，在全球产生着重要影响。5G 是人工智能、虚拟现实/增强现实、智能家居、智慧医疗、智慧城市、车联网、城市管理、环境监测、智能交通、工业互联网等数字经济前沿技术的前瞻性技术，具有超高速、低时延、广链接等特点。5G 正在重构城市信息基础设施，带动相关设备制造快速兴起，引领互联网内容产业的深度变革，实现消费互联网向产业互联网的关键跨越。这些均有利于扩大内需，带动就业，拉动经济增长，有利于推动实体经济数字化转型和经济高质量发展。同时，我国 IPv6 的普及也稳步推进。IPv6 传输速度更快，响应延迟更低，吞吐量更高。当前，我国 IPv6 保有量稳步提升，已位居全球第一，应用前景广阔。

（三）人工智能驱动数字经济发展

随着算法开放、计算力飙升和专用硬件的革新，人工智能的浪潮席卷而来，深度神经网络等尖端技术正引领我们迈向智能新纪元。在强大的计算平台上，图像识别、无人驾驶、语音交互等智能技术飞速突破，共同开启智能时代的辉煌篇章。通用人工智能正疾驰在人机协同的赛道上，向自主智能系统发起挑战。图像与人脸识别技术亦在迅猛追赶人类智慧。灵巧、微型且能力卓越的机器人正广泛融入工业、民用和军事领域，展现无限潜力。全球科技巨头竞相布局大数据与 AI 生态，抢占产业制高点。而这一切，都离不开大数据这一坚实的基石。

我国正全力推动人工智能的飞跃，引领第四次产业革命的风潮。人工智能不仅是科技前沿的璀璨明珠，还是驱动国家竞争力的强大引擎。随着智能化成为信息技术产业的灵魂,人工智能正悄然改变着各行各业的命运,为数字经济注入澎湃活力。工业机器人,这一新时代的得力助手,以其卓越的性能和无尽的潜力,正引领电子信息制造业迈向高效、精准的全新纪元。工业机器人技术日益精进,全球需求飙升,我国更是引领潮流,成为全球最大工业机器人市场,发展前景广阔。

(四)区块链、物联网和数字孪生技术驱动数字经济发展

区块链技术具有显著特性,如可追溯性、不可篡改性、透明公开性和不可伪造性,无须依赖第三方认证。它打破了数据壁垒,提升了信任度,重塑了信用体系。更重要的是,它降低了交易成本,让社会经济运行更加高效、顺畅。区块链技术如同一股洪流,席卷大数据、物联网、人工智能等领域,引领着数据革命的新篇章。它凭借去中心化的记账模式,让数据与信息无障碍流转,增加了市场参与者之间的信息透明度,优化了资源配置。同时,其独特的共识机制为数字经济中的信任危机提供了坚实的基石。更重要的是,区块链的非对称加密和智能合约技术,为数据构筑了一道坚不可摧的屏障,让数据泄露、篡改等风险无处遁形,为数字经济的蓬勃发展保驾护航。区块链技术正迎来大规模商业化应用的高速发展期,其应用范畴在智慧城市、货币交易等多个关键领域展现出了巨大的潜力。在智慧城市中,区块链助力信息设备间数据高效互通,构建智慧网络。在货币交易领域,区块链技术实现双离线支付,革新金融交易模式。随着区块链技术的不断发展和优化,其在各个领域的应用将更加广泛和深入。

物联网技术犹如一张神奇的网,借助各种传感器捕捉世间万物之声、光、热,并与互联网、专网通信交织成信息洪流。它让物体有了感知,实现了物与物、物与人的智能连接,开启了一个全新的智能世界。中国移动、中国联通和中国电信这三大电信运营商,始终秉持着高度的责任感和使命感,积极投身于物联网建设的伟大事业中,将物联网技术融入教育、医疗、交通及环境监测等广泛领域。新一代的智能硬件潜移默化地融入穿戴设备、交通工具、医疗健康等领域,无声地改变着我们的生活。物联网的边界正不断拓宽,从智能手机到可穿戴设备,再到智能汽车,万物互联的时代已然来临。各大等科技企业亦纷纷布局物联网,以感知和处理信息为核心,推动信息产业向更深更广的领域发展。物联网正日益成为生产领域不可或缺的重要力量。

　　数字孪生汇聚物联网智慧，以物理模型、传感器数据和历史轨迹为基石，描绘出产品在现实世界的每一个细微动作。它是产品全生命周期的虚拟再现，让我们在数字世界中预见未来数字孪生技术是物理与数字世界的交汇点，它通过对物理空间规律数据的精准分析建模，并实时反馈至物理世界，显著提升了其运行效率。创新之路虽充满试错，但数字孪生却引领我们迈向零成本试错的未来，极大地激发了创新活力，提升了创新效率。随着科技的不断进步，数字孪生这一创新理念正逐渐成为智慧城市建设的核心导向。此理念涉及虚拟现实、新型测绘、深度学习等一系列技术门类，为边缘计算、物联网、人工智能等技术注入了新的活力。数字孪生之城，不仅是对现实世界的完美复刻，还是对未来城市的深度预演。从规划蓝图到交通脉络，从建筑布局到管理细节，它都能精准模拟，为城市的每一个决策提供科学依据。与此同时，元宇宙的宏伟蓝图正缓缓展开。那是一个超越现实的数字世界，人们以数字身份遨游其中，体验着前所未有的沉浸感。它预示着人类与数字世界的深度融合，引领着数字经济的新浪潮，更将深刻改变我们的生产和生活方式，开启一个全新的时代。

（五）云计算为人工智能等的发展提供保障

　　算法，作为解决复杂问题的精准指令，是对物理世界运行规则的深刻逻辑化和数字化诠释，堪称数字经济体系的核心引擎。技术专家不懈追求算法的高效实现，持续优化其性能。算法及其衍生产品极大地提升了数据的反馈性、预测性和有效性，展现了无与伦比的魅力与力量。数字经济的持续健康发展，依赖于连接的广泛性与计算的准确性。其核心技术架构体系由数据、算力、算法三大支柱共同构筑，汇聚了5G技术、互联网、大数据、云计算等多种前沿科技。这些数字基础设施并非孤立存在，而是多种技术的深度融合与重构。大数据与云计算的携手，极大提升了数据的自主分析能力，推动了物联网产业的蓬勃发展。而物联网的繁荣又进一步拓展了大数据与云计算的应用边界。它们的交融共生，不仅推动了万物互联、人机共融，还让各产业在数字化、网络化、智能化的道路上疾驰。全新的应用场景和商业模式如雨后春笋，描绘出数字经济的新篇章。总体来说，数字经济中的技术架构体系已经呈现出一种人机物共融的态势，这一基本形态不仅是数字经济发展的重要支撑，更是推动其持续创新、不断前行的关键力量。举个例子，在2022年央视春晚红包互动的狂潮中，京东云凭借云原生数字基础设施以及云舰这一混合多云操作系统，成功应对了高达691亿次点击量带来的服务器处理数据压力。在短短4小时左右，京东云就实现了16次秒级精准的资源腾挪，调度了近300万个容器和超过1000万核算力资源，以惊人的弹性能力，成功登顶"云计算珠峰"。京东云，这朵产业的"智慧之云"，正以其卓越的能力，引领着社会化数智供应链的精准匹配，书写着新时代的中国速度。

信息技术的浪潮汹涌澎湃，其变革之力如狂风骤雨，席卷全球。它迭代迅速，瞬息万变。技术红利不断推动着产业的飞速发展。在数字经济的海洋中，各项技术创新如繁星点点，交织融合，难以复制。这些创新不仅深化了劳动分工，还推动了资源的高效整合，缩短了商业周期，催生了无数新业态。

在人工智能的浪潮中，云计算成为不可或缺的基石。创新应用的飞速发展，让计算需求呈指数级增长，推动了云计算的迅猛前行。云计算凭借其分布式计算、自动高效、安全可靠的特性，实现了资源的无界共享和弹性扩展，为大数据的精准预测提供了强大的算法支撑。作为企业数字化转型的基石，云计算正悄然渗透金融、交通、制造、医疗等行业。它高效解决资源利用难题，释放数据潜力，打破企业间数据孤岛。随着大数据向云端迁移，技术门槛降低，企业未来有无限的发展潜能。云计算产业蓬勃发展，其强大的整合能力使生产和市场资源在云平台上得以高效汇聚。企业数字化转型的门槛因此轻松跨越。它不仅是行政效率与治理集约化的得力助手，还是我国政务云飞速发展的核心动力。各地竞相构建商务云、开发云和政务云等多元化平台，信息基础设施日益完善，云计算产业研究与应用日新月异，为社会提供着海量的存储、计算等云服务资源，引领着未来的数字化浪潮。

除此之外，量子计算和类脑计算，正引领国家科技浪潮，为科研、经济与战略安全开辟新天地。量子计算云平台作为云计算领域的创新者，正加速量子计算的产业化进程，其将颠覆传统计算，引领计算技术迈入全新纪元。类脑计算正颠覆冯·诺依曼架构，引领计算领域的新革命。而边缘计算则巧妙地将云计算技术融入边缘基础设施，实现计算、转发与智能数据分析的边缘化，既减轻了云端负担，又大幅降低了响应时延，展现了其卓越的性能与潜力。

二、数字经济快速提升产品供给效率

在数字经济的推动下，我们依托颠覆性的创新技术，成功培育了诸多新产品、新服务、新业态。与此同时，我们充分发挥了平台经济、分享经济、开源经济和零工经济等新型经济模式的优势，有效促进了资源的优化配置，为社会经济发展注入了新的活力。

（一）共生的数字经济边际成本递减与边际效用递增

在传统经济理论中，边际成本递增与边际效用递减规律作为核心理论假设，占据了举足轻重的地位。一般而言，物质产品的生产过程中，固定要素与可变要素之间存在一个理想的投入比例。这种生产过程中，固定资本的投入占据主导地位。然而，固定资本的投入受到资本边际效用递减规律的约束，导致其价值创造能力受到限制。在生产初期，边际成本随着规模扩大而逐渐降低，但当达到一定规模后，由于规模不经济的现象，边际成本开始呈现出上升的趋势。同样地，当可变要素的投入超过特定的临界点后，其边际效用将展现出递减的趋势。这些规律共同构成了传统经济理论中的关键框架。

在数字经济中，呈现出一个显著规律，即边际成本由递增转向递减，同时边际效用则由递减转向递增。相较于传统经济中边际成本难以趋近于零的情况，数字技术的特性，包括其虚拟性、可复制性和非竞争性，决定了数字经济中边际成本呈现递减趋势，并逐步趋近于零。在此情境下，研发成本、专用设备等固定成本作为沉淀成本，其可变成本近乎为零。数字经济中的技术多表现为知识产品，一旦研发成功，每增加一单位的生产，知识产品的边际成本便趋近于零。因此，对于众多数字经济中的企业而言，存储、运输和复制数据及相关产品和服务的边际成本几乎可忽略不计，这不仅显著降低了库存成本，还极大地促进了生产要素在多维度上的高效协作。

在当前的经济环境下，随着消费数量的逐步攀升，对于每新增的一单位产品或服务，其所带来的收益呈现出递增的趋势。值得注意的是，数据资源具有显著的可重复使用性，其特点在于使用越频繁，资源量反而增加，而非减少。在数字经济领域，这种非竞争性和零边际成本的特点吸引了大量新的市场参与者，进而降低了创新成本，催生了"创造性破坏"的现象。这不仅促进了社会流动性的增强，还在一定程度上遏制了贫富差距的扩大，以及老龄化问题对社会创新动力的削弱。无形资本的非竞争性和边际效用递增的特性，显著提升了其价值创造能力。当前，大规模的无形资本投入正成为推动数字经济迅猛发展的核心动力。这一趋势无疑正在对传统经济增长理论产生深远的颠覆性影响。

（二）供给效率提升：数字经济中的规模经济和范围经济

从需求侧的角度审视，规模经济表现为当某一特定商品或服务被更多人消费时，某一消费者额外消费该商品或服务将享受到更高的价值增益。这种需求方规模经济亦被称为网络效应，进一步细分为直接网络效应与间接网络效应。在数字经济的背景下，供给侧的规模经济有助于生产者成本的降低，而需求方规模经济则促进了消费者价值的提升，从而实现了生产者剩余和消费者剩余的双重增长，最终提升了整体社会的福利水平。尽管理论界与实务界长期以来均致力于研究降低成本与提升效率的策略，但企业长期平均成本先降后升的现象对企业生产规模的进一步扩张构成了一定制约。然而，数字经济相比传统经济，其规模效应更为显著，规模经济的潜力也更为巨大，倍增和加速效果更为明显。数据要素的规模越大，其效用亦随之增大，展现出了极强的规模经济效应。生产者主要通过不断扩大网络用户规模以实现收益最大化，利用规模经济获得生产率、成本和价格上的优势。随着跨境电商的迅速发展，数字贸易正在加速重塑全球贸易形态，规模经济在此过程中的作用也得到了更大地发挥。

在经典经济理论框架中，范围经济的形成根植于不同产品在生产流程、销售渠道等方面的内在联系，而这种联系的紧密程度直接决定了范围经济的实现效果。然而，随着数字经济的崛起，其独特的逻辑打破了传统数量、成本和价格之间的固定关系，进而为产品和服务带来了额外的衍生利润。在数字经济背景下，消费者需求的个性化、碎片化、实时化和场景化日益显著，这不仅增加了产品和服务的复杂性，也进一步提升了供应体系的复杂性。依据梅特卡夫法则，网络的价值与其用户数量的平方成正比，即网络价值等同于网络节点数的平方。对于特定的互联网平台而言，平台上用户数量的增长将显著提升平台对每个用户的价值。这种用户数量的增加，正是多边平台经济模式的核心价值所在。当消费者的意愿得到充分的表达和聚合后，他们将能够更广泛地参与并深刻影响生产体系。在此背景下，生产者需要更加精准、实时、低成本地与消费者的意愿和需求相契合，进而实现从大规模生产向大规模定制的转型。这一转变对于提升生产者的核心竞争力至关重要，同时，也将对以标准化、大规模、低成本生产为特点的传统生产模式带来一定程度的挑战和影响。

在数字经济环境中，范围经济的运作条件已发生转变，由原本的产品相关性逐步演变为基于消费者群体规模的经济效应。其中，网络协作性供给和模块化生产作为数字经济的显著特征，为经济发展注入了新的活力。在应对消费者多样化、异质化的产品需求时，网络协同效应与范围经济效应并行不悖，两者相辅相成、互为促进，共同推动着数字资本的累积与数字经济的蓬勃发展。

（三）消费者的数字化、多元化、个性化需求

在传统经济体系中，生产者占据了主导位置，而消费者则通常从既有的商品中进行选择，相对于生产者而言，他们处于较为被动和从属的地位。然而，随着数字经济的崛起，这一不对等的关系得到了显著的改变。消费者的话语权得到了较为明显的增强，其影响力和作用日益凸显，逐渐从单纯的需求接受者转变为需求的提出者、生产的参与者和产品的推广者。

特别在电子商务领域，商业模式的本质正由单一的交易形式向消费者参与的生产方式转变。在这种模式下，参与型消费者通过平台企业获得了更大的权力。在数字经济的推动下，消费者的异质性需求部分地转化为协同生产的需求。传统的标准化、大规模生产所提供的产品和服务已无法满足日益多样化的消费需求，消费者不再满足于仅作为最终的购买者，而是借助数字化平台，积极成为产品和服务的创造者、设计者。

数字经济强调降低生产和交易成本、提高资源配置效率，这与传统的农业经济和工业经济有共通之处。然而，数字经济更具备预见和发掘潜在需求的能力，并能够为消费者创造新的需求，甚至提供定制化的产品和服务。例如，扫码点餐、数字支付、健康码登记等产品和服务都是数字经济的典型创新应用。而维基百科恰是一个由消费者协同生产需求和协同创造能力驱动的典型案例。任何人均可在维基百科网站上编辑、删除或创建内容，这种开放性和协作性为维基百科赋予了独特的特点。

在互联网和大数据的强劲驱动下，生产者的管理模式正展现出显著的市场竞争力。他们致力于根据消费者的具体需求，定制并提供多样化的产品和服务。为实现这一目标，生产者积极推动组织变革和技术创新，旨在缩短生产周期、降低存货水平，以高效满足市场需求。

企业运用先进的数据爬取和挖掘技术，对海量数据进行深度处理，力求准确把握消费者的异质性需求，并预测其潜在需求。此外，生产者通过二维码这一新型技术手段，实现了物品标识追溯、移动网络入口的便捷接入，以及网络空间的安全管控。通过对商品生产、流通和销售数据的分析，生产者能够精准优化生产、库存和调货等生产运营环节，推动数字化管理的全面升级。

为了更精准地识别、获取和分析消费者的需求和偏好，生产者摒弃了传统的科层结构，持续优化组织和运营结构。他们积极推动数据在业务全链条和各个环节的深度嵌入，确保快速补货、小量生产等指令能够迅速、准确地传达至生产部门。同时，生产者运用实时和智能监控技术，对生产流程各环节进行严密监控，以确保在最短的时间内响应消费者需求，将最符合其需求的产品和服务提供给他们。

在现实生活中，以网络意见领袖为代表的消费者通过视频直播等手段，已经提前参与进生产过程中。他们的消费需求得到了生产者的积极响应，并在短时间内得到了实现和满足。这一过程不仅催生了大量个性化产品和服务，还有效缩短了产品生产周期，降低了生产成本，为市场带来了更多的活力和创新元素。

在数字经济领域中，平台企业扮演着至关重要的角色，它们引导并协调生产者与消费者共同创造价值。通过在线互动，消费者的感受、需求、经验、建议和行为得以数据化，这为企业累积数据资产提供了可靠的源泉；同时，这种互动模式也极大地方便了消费者参与到企业的产品研发、生产制造、营销服务等环节中，推动了供需双方协同创新，从而构建了一种良性的互动格局。

以某软件技术有限公司为例进行论述，其发展历程充分印证了社区电商渠道的重要性。该公司敏锐地洞察到社区电商渠道所具备的低成本、高客流、高利润特性，并在社区团购发展的初期阶段便迅速抓住机遇，成功开拓了不同系列产品的线上线下融合销售模式。在运营过程中，该公司一方面借助初美优选系统，高效地实现了平台产品的推广和销售；另一方面，注重从用户反馈中汲取经验，持续优化产品生产工艺，确保产品质量的稳步提升。此外，该软件技术有限公司还积极探索了共享共赢的社区电商模式，通过优化物流路径、降低能耗、提供最优价格的方式，实现了从生产者到消费者的直接连接，从而更进一步地确保了产品的新鲜和安全。

事实上，在数字化经济蓬勃发展的背景下，涌现出了诸多生产者与消费者深度融合、实现共赢的优秀案例。这些案例充分展现了数字经济在解决传统经济中消费者异质性需求与生产者规模经济之间矛盾方面的显著作用。可以说，数字经济在一定程度上有效调和了这两者之间的矛盾。

（四）数字化生产和智能化制造使产品质量稳定提升

在实践中，数字孪生技术的应用显著增强了制造过程中的问题发现与预判能力，有效降低了产品损毁率，同时，优化了生产制造的工艺流程，提升了制造企业的运行效率和产品质量，进一步加深了企业内部的分工协作水平。在此过程中，数字技术推动了企业科层制向扁平化结构的转变，缩短了生产服务周期，并催生了基于按需设计、制造和配送的全新组织管理体系，实现了供需双方的精准匹配。这一变革带来了海量的数据积累，其中，更丰富的数据资源和更合理的算法设计为生产者提供了一定程度的竞争优势。

数字经济为处于不同生命周期阶段的产品和服务，包括成熟期、饱和期和衰退期，提供增值服务从而延长它们的生命周期，并增强了用户黏性。它实现了研发、制造、销售和服务的全流程、全生命周期的数据互联和记录。商家通过采用直播、短视频等新型技术手段，对产品进行多元化销售，推动销售模式的变革，并持续创新供应链体系，实现供应链的数字化，有效结合消费和生产。此外，大数据、物联网等技术在农产品质量安全追溯方面发挥了重要作用，建立了数据管理和决策机制，使得精准化农业监管得以广泛普及。例如，通过整合新西兰牧场的采奶、出口商和分销商的销售、物流等环节，消费者能够享受到原产于新西兰且新鲜度极高的鲜奶。

而人工智能、区块链等技术与金融服务的紧密结合，则形成了互动融合模式，有效推动了金融产品、流程和商业模式的创新，丰富了金融生态。这一模式不仅提高了投资决策的智能化水平，显著增强了风险管控能力，还使金融产品定价更趋合理。同时，它提高了金融服务效率，如支付宝和微信等平台不仅提升了商贸流通的效率，还提高了消费者的数字素养。此外，这一模式还拓宽了普惠金融的覆盖面。

就目前而言，基于大数据分析技术的程序化交易模型已经逐步替代了股票交易员的大部分工作。这些模型通过对市场交易数据的整合和分析，结合人工智能深度学习技术，探索出新的股市波动规律，形成了更为丰富的交易策略和更为精准的投资决策。尽管基于大数据和人工智能的交易策略在逻辑上可能存在一定的不足，但它们在效率和收益上往往优于人工操作，能够带来超额回报。

三、数字经济发展的显著市场优势

我国数字经济发展拥有巨大的成长空间，具备显著的市场规模优势和弯道超车潜力，从现实角度来看，支撑其发展的生产要素条件也日趋完善。通过运用数字化、智能化和网络化的技术手段和方法，数字经济有效促进了生产者与消费者之间的联系。而大数据和平台技术的应用，则能够更好地实现供求双方点对点的精准沟通，进而有效降低了交易成本，促进了信息的公开透明，显著提升了资源配置效率和数字经济的运行效率。

（一）数字经济市场的开放性、透明性和虚拟性

根据传统经济理论，市场这一"看不见的手"在价格、供求和竞争机制的调控下，引导资源向最高效率领域流动。然而，需要指出的是，生产者与消费者在搜集、整合、分类、加工和处理信息的能力上均有局限。由于交易双方在时间和空间上存在的信息不对称，生产者往往难以迅速捕捉消费者偏好的变化，只能基于自身有限的信息进行"理性"的决策，这可能导致无效供给，进而造成资源的错配与浪费。除此之外，由于生产者在市场中通常占据相对垄断的地位，因而消费者剩余可能会向生产者一方转移。

进入数字经济时代，互联网技术的广泛应用，为市场带来了更加透明、开放的环境，降低了市场进入的门槛，使参与机会更加均等、参与方式更加便捷。而数字经济中物理空间与网络空间的稳定映射关系，使得生产者与消费者能够突破时空的限制进行交换。这些均为数字经济的蓬勃发展提供了一定的市场优势。

（二）技术因素对市场机制广度和深度的拓展

在数字经济的背景下，生产者的信息获取能力得到了显著提升，其选择偏好和效用期望等要素正逐步被"算法"引导和塑造。这种趋同化偏好的现象正在深刻改变生产者的认知形成过程，使他们能够更精准地预知和发掘潜在的市场需求，进一步放大需求侧的规模效应。在资源配置这一领域中，数字化、智能化和网络化的技术手段对于解决产量和价格问题展现出了显著的优势，从而在一定程度上替代了以价格为核心的市场机制功能。同时，生产者也在积极为消费者创造新的需求，提供定制化的产品和服务，以适应市场的多样化需求。这一过程导致生产方式发生了深刻变革，由传统的生产者单方生产模式逐渐转向生产者与消费者之间的大规模协同生产模式，促进了小批量、低库存、更贴近市场的生产方式的不断发展。

通过社交应用、移动支付、电子商务等创新业务模式，互联网企业在为广大消费者提供服务的过程中，成功积累了一定数量的消费者数据资源。这些平台通过运用尖端的数据分析技术，精准地识别出促进消费增长的关键因素与渠道。在实现一定的消费者积累后，这些平台依托深入的数据测试和数据挖掘，准确捕捉消费者的实际需求，从而推动产品的高效迭代与优化，确保产品更加贴近消费者的期望，持续提升消费者的满意度，并增强消费者的忠诚度。作为数据动态匹配的中介，开放共享的平台为供需双方提供了全面的信息支持，不仅促进了双方的紧密连接，还加强了彼此之间的信任，推动了双方的良性互动，并在监督与协调方面发挥了积极作用，有效降低了生产者的经营风险与交易成本，助力实现消费者剩余最大化，并趋近于帕累托最优状态。例如，在直播带货、网约车等新兴领域，大数据和平台技术使供需双方能够实现直接、高效的"点对点"沟通。此外，互联网平台与公路货运物流的深度融合，实现了货物与货车的精准匹配，显著解决了车货不匹配的问题，降低了空载率，节约了燃油，减少了碳排放。

总体而言，随着平台经济市场一体化程度的不断加深，交易费用得以进一步降低，跨国贸易的障碍也得到有效缓解。在经济全球化的背景下，平台企业充分发挥了其在结构网络嵌入、制度协调与连接、资本与知识互动等方面的中介功能。

（三）数字经济中广阔的市场需求

当前，我国数字经济发展正面临大好的市场机遇，拥有着巨大的发展空间。鉴于国内市场的巨大规模，内部能够部分抵消东南西北的区别，交易成本持续降低，赋予了数字经济韧性和耐性。从实践角度出发，一个强大的国内市场，不仅是满足人民美好生活需求的基石，还是稳定社会预期和提升市场信心的坚实后盾。

我国发展的战略基点在于升级、调整、释放和扩大内需，此举不仅吸引跨国公司将价值链中的高端环节引入国内市场，促进高端要素向产业高级化演进部门聚集，同时也有助于通过中间产品进口，补齐数字经济发展的产业短板，从而提升其整体竞争力。

在信息技术的推动下，经济活动正逐渐由实体空间扩展至无形、虚拟、错综复杂的网络世界，传统物理空间的概念已被打破。数字经济在虚拟与现实间实现转换与更替，经济联系呈现共享、互动、共生的新趋势。互联网应用的日益普及，加速了市场化、规模化的应用创新。我国已成为全球最大的网络零售、智能手机和移动支付市场之一，移动互联网摆脱了固定互联网的束缚，拓展了互联网的应用场景，庞大的用户群体为数字经济的蓬勃发展注入了强劲动力。

当前，智能化、无人化的"无接触场景"正逐步成为主流消费模式，这些均为我国数字经济发展的主要优势所在。

技术的前瞻性并不直接等同于产业的领先地位。我国数字经济在全球的迅速崛起，离不开庞大的国内市场与技术创新相结合的双轮驱动。海量数据和庞大的市场优势为特定技术的商业化提供了理想的土壤，不仅有助于需求的规模扩张，还能显著提升创新效率，从而助力我们突破全球价值链的低端困境，在全球产业竞争中占据领先地位。

在数字经济的环境下，信息、资本和物流共同塑造着市场的边界。得益于互联网等信息技术的支持，市场信息能够打破时空限制，实现实时互动与精准匹配，极大地增加了交易的可能性。诸如阿里巴巴电商平台、顺丰快递等成功模式，正是基于对市场规律的深刻洞察，充分发挥了超大规模市场的优势和内需潜力。这些模式均呈现出双边市场的特性，一方面面向生产者或批发商，另一方面面向消费者，两者在协同演化、动态调整中达到平衡。

在发展数字经济时，我们必须认识到消费需求的多元化和快速变化特性。这种特性导致了数字经济市场的不稳定性，其中供给和需求均有可能经历显著的跳跃、突变和跃迁。因此，维持供给与需求之间的均衡状态在数字经济中显得尤为困难。

四、数字经济涵盖的领域不断扩大

传统产业经济学理论明确指出，厂商的生产决策受到产业上下游各分工主体信息反馈的制约，而产业组织结构的整体空间分布则受限于地理空间。然而，在数字经济的浪潮下，厂商的行为模式与产业组织结构均经历了变革。这一变革源于互联网、大数据和人工智能技术的深度融合，产业链由传统的线性结构向更为复杂的网状结构转变。产业组织形态亦随之向协同、共享、扁平和柔性发展，产业分工的界限逐渐模糊。

在新一代信息技术的推动下，万物互联化、知识智能化、数据要素化和财富虚拟化成为显著趋势。随着数据智能化和网络协同化的深入发展，数字经济中的产业组织正逐步从垂直整合向网络协同转变。数字经济与实体经济的融合重点已不仅限于消费领域，而是逐步延伸至生产领域，形成数字消费与数字生产并行、共荣的新格局。

在推动传统产业结构向中高端迈进的过程中，数字经济已成为关键驱动力。数据作为全球经济发展和产业变革的核心动力，正引领生产要素的重组，推动产业结构发生深刻变革。同时，新的技术和生产体系也在逐步建立，为现代产业体系的构建和发展提供了有力支撑。数字经济不仅促进了现代产业体系的形成，还彻底改变了传统的产业格局和架构。

（一）数字经济中的产业逆向渗透趋势

传统经济模式重点聚焦于物质产品的加工和生产，农业、工业与第三产业间界限分明，产业组织架构依托产业链和产业集群紧密相连，创新活动主要沿产业链上下游或集群内部进行，呈现出显著的纵向一体化特征。然而，随着数字经济的崛起，其强大的融合性和高渗透性特质逐渐消解了传统的产业边界。在数字经济背景下，创新活动的组织模式正逐步向网络化、协同化和生态化转型，平台化、服务化和全球化成为产业组织的新兴形态。数字信息产业通过提升信息与知识要素在产业系统中的流转效率加速了传统产业的转型升级步伐。传统的固定资产周期、生产周期和资本周期均受到深刻影响，产业体系和发展动力得以重新构建，推动了个性化定制、智能化生产、网络化协同和服务化制造在传统产业的广泛应用，进而引领了传统行业格局的全面重塑。智能制造作为产业数字化的重要基石，进一步拓宽了现代产业体系的边界，有效提升了产出效率。数字经济借助物联网、云计算和大数据等先进技术，促进了制造业产业链各个环节的深度融合，使资源利用率得到显著提升，推动了产业结构的转型升级，使其迈向了更高的价值链区间。

从现实角度出发来看，新型基础设施建设的稳步推进，让数字化、网络化的供应链平台在显著提升效率的同时有效地缩短了时空距离，实现了设计商、制造商、供应商、集成商等供应链各环节的紧密联合，显著提升了整体供应链效率，不仅节约了时间，还降低了成本。从产业分布来看，数字经济在第三产业的发展相较于第一、第二产业有更为突出的表现。

具体而言，第一产业由于数字化转型的门槛较高，其进展相对缓慢，明显滞后于第二、第三产业；而在第二产业中，尽管数字经济的快速发展为其转型升级和提质增效提供了重要动力，但在多数国家，第二产业的数字经济发展速度仍有待进一步提升。

然而，在第三产业中，数字经济呈现出创新先行的态势，极大地提升了该产业的可贸易程度，激发了众多新模式新业态的涌现，如电子商务、网约车、网络教育、互联网金融、远程医疗、在线娱乐等，显著提升了整个产业的劳动生产率。尽管当前由于产业"体量"相对较小，数字经济对经济发展的支撑作用尚未完全显现，但其潜力不容忽视。相较于第二产业，第三产业的交易费用较高、固定资产占比低、技术密集度较低，这在一定程度上降低了其数字化转型的难度，更有利于从业者向数字化技能从业者转型。从第三产业内部来看，现代服务业的数字化转型速度明显快于传统服务业，其中金融和科技领域表现尤为突出。

（二）数字经济产业化的先行实践

2008年11月，美国国际商业机器公司（IBM）提出了"智慧地球"的宏伟构想，并于次年 8 月发布了《智慧地球赢在中国》报告，详细阐述了"智慧电力""智慧医疗""智慧城市""智慧交通""智慧供应链"和"智慧银行"六个板块。在我国，部分领域的领军企业正逐步实现从"跟跑者"向"并跑者"乃至"领跑者"的跨越式发展。电子商务、移动支付、共享单车、平台经济、无人驾驶、新能源汽车等新兴业态均已达到世界先进水平，显著提升了我国在全球数字经济领域的地位。此外，我国数字经济独角兽企业在全球比重正逐步接近美国，甚至在某些领域引领全球发展趋势。

腾讯等工业互联网领域的领军企业，日益重视提供高效运算云服务和超高速网络链接，积极构建网连网、物连物、云连云的先进信息基础设施，以深化智能工厂、安全监控、物联网等智能应用。在数字经济的大潮中，企业家、科学家、投资人共同塑造着企业的边界，数据资源、共享平台和跨界融合成为推动产业价值转移的重要因素。平台经济作为核心经济组织，正发挥着协调和配置资源的重要作用。

华为高度重视人工智能技术在数字与物理世界融合中的应用，致力于连接一切未连接，致力于激发潜能、孕育智慧，并构建出万物互联的智能世界。同时，阿里巴巴、京东等电商平台凭借其强大的数据资源和技术实力，成功连接上游供应商与下游消费者，成为市场交易活动的重要组织者和服务者。其中，阿里巴巴尤为注重产业协同，着力打造支付宝、阿里云、菜鸟物流等核心平台，推动支付、物流等成为市场发展的支柱性产业。

在数字化的浪潮下，传统企业亦积极寻求转型。例如，一汽大众通过其客户服务中心系统，全面记录客户在购买、使用产品和服务过程中的体验，形成了完善的客户反馈机制。同时，公司借助基于数据库营销的数据处理平台，将供应商、经销商紧密关联，构建了灵活高效的产销体系。再如，海澜之家凭借其"平台 + 品牌"的轻资产商业模式，实现了对消费者多样化、变化性需求的动态把握。通过数字供应链的构建，公司能够精准地支撑和优化其多元化的产品结构，以满足市场的不断变化和消费者的个性化需求。

五、数字经济发挥就业"倍增器""稳定器"作用

数字经济作为一种新型经济形态，不仅为就业市场注入了新的活力，增加了

就业总量，还为就业结构的升级和转型提供了重要支撑。发展数字经济已经成为优化就业结构、扩大就业规模的关键举措。其对于农村人口的就业同样具有直接的推动作用，为农村富余劳动力提供了新的就业机会。同时，数字经济的发展在保障城镇劳动力稳定就业的同时，也为农村富余劳动力转移就业创造了更为广阔的空间。

从目前来看，我国传统产业正经历着数字化转型的深刻变革，这一过程已成为吸纳就业的重要力量。近年来，我国就业率呈现出逆势增长的态势。

数字经济不仅能够有效扩大就业规模，而且通过众包、众创等新模式，推动了新就业形态的不断涌现，呈现出灵活就业和创新就业等多重特点。值得一提的是，依托数字经济的灵活就业已成为越来越多劳动者的自主和自愿选择。这一就业形态不仅规模有所增长，范围有所扩张，而且质量也有所提升。零工经济、外包经济、共享经济等领域的市场主体，充分利用信息技术和互联网平台，精准匹配供需双方，为自由职业者，特别是年轻人，提供了更加灵活多样的就业方式，从而让传统的就业模式发生了深刻的改变。

传统理论认为，从制造业转向服务业，劳动者报酬是降低的。在美国，数字经济是资本偏向型的，虽然行业集中度和资本回报率均有所上升，但劳动者报酬占比下降了，这种趋势偏向于资本，却不利于劳动。数字经济在中国的发展，对这一趋势提出了挑战。在中国，互联网的使用有助于提升中低收入人群的收入。互联网企业和平台企业搭建的共享用工平台、灵活就业保障平台，为创客、小微企业主提供了企业内的创业机会，也开辟了劳动者赚取工资外收入的机会。数字经济尤其为落后地区的低收入人群创造了参与经济活动、共享发展成果的机会。电子商务促进就业增加，带动就业岗位质量优化，阻滞了结构性失业的发生。数字技术使得同一劳动者提高了服务客户的规模和水平，使其相应收入往往高于传统制造业从业者的收入。这主要得益于超大的人口规模成为数字经济时代的新红利。由于我们的城市数量多，人口密度大、网络效应大、劳动力成本低，数字技术和劳动力的结合能够提升经济活力和效率。可以认为，中国的数字经济是劳动互补型而非劳动替代型的，这与美国的情况对比明显。

第二节 数字经济的发展路径

一、针对现阶段数字经济发展问题加强政策支撑

数字经济作为构建现代化经济体系的重要引擎，是深化供给侧结构性改革的重要阵地，推动高质量发展的重要动力，以及促进产业基础高级化和产业现代化攻坚的主要载体。当前，数字经济的发展迎来了前所未有的机遇，同时也面临着前所未有的挑战。在此阶段，一些显著的短板和累积的矛盾风险已逐渐凸显，因此，迫切需要制定并推出一系列切实有效、针对性强的精准政策，并确保政策的落地实施和产生实质性效果。

（一）数字经济发展面临四大短板

首先，核心数字技术的依赖性问题愈发凸显。当前，我国多个行业的核心器件进口依赖度较高，尤其是在医疗领域。国内逾 28 900 家医疗器械企业多以"小、散、低"为特点，而且部分缺乏核心开发能力和生产能力。

其次，数字产业链的脆弱性风险进一步加剧。从现实角度来看，受电子元器件供给短缺的影响，电子信息制造等产业链复工复产面临诸多挑战，存在断链和外迁的潜在风险。

再次，企业数字化转型的短板日益突出。尽管众多企业纷纷探索数字化转型，涉足"直播电商""无接触贷款""在线办公"等新兴模式，但由于短期收益有限、转换成本高昂、试错风险较大，企业普遍表现出对数字化转型的"不愿转""不能转""不会转"和"不敢转"的态度，导致我国制造业企业生产设备数字化率不够高。

最后，数据资源治理制度的障碍日益显著。当前，数据资源治理的体制机制存在上下不连贯、横向不畅通的问题，尤其是政企数据对接的困难较大。我国开放数据集规模相对较小，企业生产经营数据中政府数据的占比偏低，同时，掌握大量数据的超大型互联网企业向政府开放数据资源的意愿也相对较低。

（二）加快探索小切口的数字经济政策

其一，致力于深入探索并构建数字经济全产业链保护区。

重视优先扶持五大战略性新兴产业,即5G、工业互联网、集成电路、智能制造、新型显示,并依托深圳龙岗区、成都高新区、上海浦东新区等地电子信息制造业的集聚集群优势,率先开展数字经济全产业链保护区的建设工作。为确保该保护区的有效运行,实施一系列新产业用地政策,同时制定财政、税收、金融与社保等领域的结构化支持政策。此外,依托龙头企业、行业组织等力量,建立数字经济产业链上下游配套企业清单,并按照"一链一平台"的原则,构建产业链共享服务平台,实施清单式、全链条的精准服务策略,以确保数字经济全产业链的健康发展。

其二,在深入研究与广泛讨论的基础上,致力于探索构建一个严谨、高效、具有前瞻性的数字经济国家实验室体系。

在深入依托北京、上海、合肥三个综合性国家科学中心的基础上,加速构建数字经济领域关键核心技术攻关的国家实验室体系,集中力量攻克高端芯片、基础软件等核心领域,以期在人工智能、量子计算、区块链等前沿领域取得非对称竞争优势。同时,积极依托行业领军企业,探索将国家实验室前置到市场前沿、企业一线的机制与模式,充分发挥大国市场的优势与应用场景的优势,构建"市场需求导向—应用研究支撑—原始创新引领"的协同发展模式。借鉴新一代光刻技术突破的成功经验,构建国家实验室、国家工程中心、国家产业创新中心、龙头企业协同合作的联合攻关体系与机制,确保科技创新的高效推进与成果的广泛应用。

其三,为促进普惠共享信息消费的广泛参与和深入发展,审慎研究并探索制定一系列激励政策。

为深入推动信息消费的普及,我们实施信息消费下乡计划,该计划旨在对尚未拥有电脑等上网设备的农村居民提供电脑、智能手机等电子产品的购置补贴,并有针对性地推出流量优惠政策,以降低其上网成本。此外,还实施"贫困地区电子书包"计划,在相对贫困地区为学龄儿童提供在线学习的电子设备、网课资源等,并逐步确保全面覆盖建档立卡贫困户学生。为进一步完善低收入群体的支持政策和社会福利救助体系,还积极探索将电子消费券纳入其中的举措。

其四,针对数字经济的特性,深入研究并构建与之相适应的灵活就业政策体系。

为有效实施"灵活就业倍增"计划，需要在对当前灵活就业与在线办公的态势进行全面梳理和总结的基础上，进一步借助直播电商、社交电商、生鲜电商等多元化电子商务平台，以及共享经济、"宅经济"等新兴业态平台，积极拓展灵活就业的广阔空间。针对为灵活就业提供服务的平台企业实施稳岗创业补贴、技能培训补贴等一系列就业扶持政策，以鼓励其发挥更大作用。同时，为强化灵活就业社保网络加强对数字经济背景下劳动关系、社会保障等新型问题的深入研究，以构建与数字经济就业特点相契合、更为完善的就业保障体系。此外，还要积极推动将依托互联网平台实现灵活就业的人员纳入社会保障覆盖范围，确保灵活就业人员的劳动者权益能够得到切实保障。

其五，在深入探究推动数字经济发展的过程中，着重关注并探索研究相应的金融支持政策。

为促进产业链上下游企业的协同发展，致力于探索全产业链总体授信与配比授信政策。在此框架下，金融机构对数字经济全产业链保护区实施总体授信，并明确授信总额。上下游企业将通过供应链关系相互提供信用担保，确保信用流通的顺畅。同时，确保相当比例的授信额度定向服务于中小配套企业，以支持其稳健发展。此外，还需要推动供应链核心企业、互联网平台企业与金融机构之间的信用信息共享和评价结果互认，以加强各方之间的合作与信任。为进一步推动新型基础设施建设，可以计划开展不动产投资信托基金试点。该试点将涵盖数字轨道交通、新一代人工智能设施、智能电网、新能源汽车充电设施等重要建设领域。在此过程中，还可在税收方面给予企业相应支持，以减轻企业负担，激发市场活力。

其六，在发展数据资源治理方面，致力于深入探索并推进创新实践。

为了促进全国范围内的数据资源共享和高效利用，应当积极构建全国一体化国家大数据中心，该中心有效聚合"十二金"工程（金财工程、金农工程、金盾工程、金保工程、金税工程、金关工程、金水工程、金质工程、金审工程、金卡工程、金贸工程、金企工程）数据和四大国家基础数据库，从而形成统一建设、具备强大能力的"数据航母"。在此基础上，致力于探索并建立一个世界级科技创新数据资源平台，通过借鉴国际先进经验，如美国国家生物技术信息中心（NCBI）和日本DNA数据库（DDBJ），先行构建国家信息科学数据平台、国家生命科学数据平台和国家能源科学数据平台。探索数据资源所有权与使用权分置的机制，并遵循"谁使用、谁受益、谁保护"的原则。这一机制旨在确保数据所有者拥有数据资源开发所带来的权益。同时，适时推进数据定价、交易、流通机制的建设，以进一步推动数据资源的市场化应用和发展。

二、推动地方数字经济发展打开新空间

随着社会的不断发展，技术经济范式也在不断更新，工业化逐步向数字化过渡，数字经济已成为各地构建现代化经济体系的关键形态，是推动高质量发展的重要动力，以及深化供给侧结构性改革的重要着力点。在此背景下，各地将面临数字经济竞争优势的全面重塑与升级。

与传统的工业化模式相比，发展数字经济要求地方全面审视并调整发展战略与产业政策。这需要地方以辩证思维为指导，精心策划数字经济发展的顶层设计，聚焦核心产业的培育与发展。同时，必须秉持开放合作的态度，高度重视创新发展与人才队伍建设，确保数字经济能够深入扎根、茁壮成长，进而为地方经济的繁荣与可持续发展提供坚实的支撑。

（一）强化数字经济发展的顶层设计

数字经济的发展是一项系统工程，涵盖了数据要素、技术创新、平台企业、产业生态、智慧政府和创新制度等多个方面，因而不可简单沿用传统工业化模式的建园区、招商、上项目等做法。在"十四五"时期，各地推进数字经济的首要任务是确立顶层设计的核心地位。首要应防范"九龙治水"的历史顽疾，通过实施"一把手"制度，构建纵向到底、横向到边的全面领导架构。需设立由地方党政主要领导亲自挂帅的数字经济发展领导小组，以统一协调各级政府及部门间的行动，确保数字经济重大改革、政策和工程的有序推进。同时，亦需防止"各吹各调"的现象出现，确立数字经济"一号工程"的地位，形成全面、系统的规划发展框架。各地应坚持"资金与项目相匹配、项目与规划相衔接"的原则，确保数字经济发展规划的一致性和连贯性，形成涵盖"数字经济总体规划、专项规划、行动计划和实施方案"的完整路线图、任务清单和时间表，从而使数字经济规划执行的刚性约束能够得到切实强化。

（二）重视核心产业的发展

在数字经济的推进过程中，各地通常有两方面的问题：一方面，部分地区存在脱离地方产业基础，过度追求"高端化、新颖化、奇特化"的现象；另一方面，也有部分地区固守传统的农工商"老三样"，未能有效把握数字经济发展的机遇。各地在推动数字经济发展时，应当采取双管齐下的策略。

一方面，应重视通过数字技术的赋能作用，推动传统产业的转型升级，实现"脱胎换骨"式的变革。这需要各地积极推动新一轮的数字化技术改革，加快推进"上云用数赋智"的进程，并在若干传统支柱产业领域探索"一业一云"的发展模式，加快智能工厂、数字农业、数字商圈的改造升级。

另一方面，应前瞻性地布局数字化产业的"从无到有"，积极培育产业增量。通过全产业链门类和海量的应用场景，推动数字技术的创新与转化应用。特别是在长三角、珠三角、京津冀等地区的部分城市，可以探索构建"世界创新资源+中国应用市场+城市转化中心"的特色创新模式，在工业软件、集成电路、高端芯片等领域，积极推进关键技术的自主创新攻关，努力打造一批数字经济领域的领先城市。

（三）进一步开放合作

相较于传统工业所强调的"链控制"模式，当前数字经济领域更为注重的是"圈合作"的思维方式。其发展的核心在于构建一个融合各类数据要素、数字技术和平台企业的生态圈。各地在推动数字经济发展时，需要秉持开放包容的态度，既要积极引进外部资源，也要勇于拓展外部市场。尤其要摒弃行政区之间的恶性竞争，转而倡导区域间的合作共赢。

具体而言，一方面，应善于引进外部资源，引导数字经济领域的知名企业、院校、科研机构与本地企业共同成立数字经济发展联盟，探索并实施"本地化+落地化"的服务模式。同时，深化与国际数字经济领域的合作与交流，鼓励并支持世界知名企业在当地设立区域总部或研发中心。另一方面，应善于利用自身优势，加快融入区域一体化进程，推动区域性数字化基础设施、公共数据资源和服务平台的共建共享。积极探索并建设如"数字长三角""数字大湾区""数字京津冀""数字成渝经济圈"等区域性的数字经济合作平台，以促进数字经济的整体发展和区域经济的协同增长。

（四）重视数字经济的创新发展

在数字经济的内部，新技术、新产业、新业态、新模式正在不断涌现，数字经济领域既面临已有监管制度难以完全适用的挑战，也暴露出以创新之名行违法违规之实的问题，如高利息网贷、网络非法集资等。在当前背景下，各地发展数字经济应当在确保公平监管的前提下，激活制度政策的活力，勇于在集成性制度创新、首创性制度创新上迈出更大步伐，在认准方向后勇敢地开拓。

在实践过程中，我们需要积极迈开数字经济制度创新的步伐，学习并借鉴浙江、上海、贵州、四川等地在数字经济领域的先行经验，深化"放管服"改革，加大在建立和完善补充性、保障性制度和规范等方面的努力，及时制定并发布相关法律法规，以妥善处理不合理的行业问题。与此同时，我们还应牢固筑起数字经济发展的安全底线，研究制定以保障用户安全为核心的准入政策，为数字经济的制度政策创新提供风险可控的"沙箱"空间，并针对涉及广泛公众利益的新业态新模式实施更为审慎的监管策略。

（五）加强人才队伍建设

与传统产业招商引资不同，数字经济发展更加强调招才引智，比拼的是两院院士、科学家、工程师、技术人员、海外高层次人才，往往是"引进一个人才，带来一个团队，兴办一个企业，形成一个产业，擦亮一个城市"。当前，各地发展数字经济要着力解决人才尤其是高端人才不足的问题，既要培养一批本土行家，也要请进外来人才。一方面要潜心做好本地人才培养培训，鼓励高等院校、科研院所和龙头企业合作，面向市场需求建立数字经济人才实训基地，为数字经济发展培育实用型本土人才，组织开展数字经济干部培训轮训，加快建设推动数字经济发展的党政干部队伍。另一方面要走出去选才引才用才，创新人才柔性引进等模式，开通高层次国际人才的招引窗口，推动各类专家人才、创新团队在科技创新、成果转化等方面开展本地化合作。

第三节 数字经济的发展远景

一、面向 2035 年的数字经济发展态势

（一）数字经济正在引领数字时代的中国经济增长周期

在开拓未来发展的新增长空间过程中，数字经济发挥出极为重要的作用。现如今，数字技术与产业变革正在不断深化，全球数字经济呈现出蓬勃发展的态势。近年来，我国数字技术创新与应用的步伐显著加快，数字经济已然成为国民经济中最具活力的增长引擎。在经历了工业化发展后，我国正迅速迈向以数字化为鲜明特征的经济增长周期。在全球范围内，数字经济已成为稳定经济下行压力的重要力量。依据数字经济增长态势及国内外经济复苏预期，我国东部部分省市的数字经济将率先迈向更高水平，进入繁荣且成熟的数字经济时代。届时，这些地区的数字产业竞争力有望全球领先，成为全球数字技术创新、产业创新、制度创新、理念创新的重要策源地。

（二）数字经济正在重塑数字时代的中国经济增长动力

数字经济引领我国从人口红利到数据红利转型。2008 年金融危机以来发生的"民工荒"标志着长期依靠人口红利发展的粗放型增长模式发生了趋势性转变，尤其是人口老龄化的加速到来，支撑劳动密集型产业发展的劳动成本优势呈现趋势性衰减。数据是数字时代基础性国家战略资源，数据的多寡优劣决定国家要素禀赋与比较优势的变化。我国在全球数据资源规模上具有领先地位，其中数字经济的发展是形成超大规模数据资源的关键因素。到 2035 年，数字经济将进一步推动中国数据圈呈现数量级扩张，数据红利接续人口红利成为新的国家比较优势，数据将推动发展方式、经济结构、增长动力发生改变，数字生产力将成为引领发展活跃的生产力形式。

数字经济引领科技从跟跑并跑到领跑跨越。近年来，我国关键核心技术"卡脖子"问题突出，底层基础技术、基础工艺能力不足，工业母机、基础元器件、基础材料等供给瓶颈明显，但在数字经济引领的科技竞争新赛道上出现了可喜的赶超势头，在 5G、人工智能、高性能计算、量子计算等领域取得一批重大科技

成果。到 2035 年，我国数字经济发展将进一步发挥超大应用场景优势、巨量数据资源优势、新型举国体制优势，在量子信息、光子与微纳电子、网络通信、人工智能等前沿科技领域创新发展，全面增强国家战略科技力量，有望在错失历次工业革命机遇后真正迎来数字时代科技自立自强的转变。

数字经济引领产业形态从传统工业制造到未来产业的跃迁。我国工业门类最齐全，220 多种工业产品产量居世界首位，1700 多种产品出口量位居世界第一，形成有色金属、汽车、钢铁、装备制造、纺织、石油化工、船舶制造等一批万亿级支柱产业，但也暴露出一些问题。近年来，战略性新兴产业不断发展壮大，成为推动产业结构转型升级、经济高质量发展的重要动力源。随着工业化加速向数字化跃升，到 2035 年，数字经济与实体经济深度融合将孕育一批引领产业链现代化的世界级产业平台，在类脑智能、量子信息、未来网络等前沿领域将培育壮大一批万亿级的产业集群，以数字化为核心的现代产业体系有望形成。

（三）数字经济正在孕育世界级的平台企业

从理论看。第一，平台企业是数字经济的核心组织者。在数字经济时代下平台企业具有了新型的交易功能，可以把商品流、货币流和信息流进行三流整合，极大地降低了交易费用，从而平台企业成为数字经济的核心组织者。第二，平台企业的核心机制是"链接"。平台企业为相互联系、相互作用的市场双方、多方提供了一个联系和交易的场所，使得交易双方、多方可以突破空间的限制而建立起直接的联系，这种"链接"具有天然的网络外部性，即"链接"的平台用户越多，平台价值与用户效用越大。第三，平台企业最大优势是形成生态系统。在数字经济时代，越来越多的平台公司扩展了公司边界，建立了基于平台的生态系统，数字时代的企业竞争优势越来越依托于创新生态，企业之间的竞争将上升为生态之间的竞争，越来越多的企业会从产品战略过渡到平台战略，并升级到生态战略。

从历史看。从农业经济的家庭式作坊，到工业经济的公司制企业，数字经济的崛起推动企业形态越来越向平台化转型，新型的超级平台替代传统的跨国企业成为国内外产业分工的主要组织者。

从实践看。一是平台企业成为引领数字经济发展的龙头，腾讯、阿里巴巴、京东等占据中国企业市值十强榜单，并推动深圳、杭州等一批城市成为数字经济发展标杆。二是平台企业汇聚超大规模数据资源，如阿里巴巴、满帮、携程网分别汇聚了数亿电商消费者、交通出行用户、货主、旅行出游者的海量数据资源。三是平台企业成为数字时代科技创新先锋，以阿里巴巴、腾讯、百度为代表的平台企业推动人工智能、5G、云计算等新型技术走在全球创新前列。

预计到 2035 年，数字技术赋能企业转型将加速推进，不仅在消费、娱乐、医疗、教育等领域形成一批引领数字化转型的超级平台，而且在工业互联网、人工智能等领域也将形成若干决胜全球化竞争的创新生态系统。平台与平台的较量、创新生态与创新生态的竞争将成为大国博弈的新常态。

（四）数字经济将会再造市场规则体系

近年来，随着数字经济的快速发展，不断暴露出资本无序扩张、劳动保障缺位、数据安全风险、大数据杀熟等问题，传统的市场监管、价格政策、产业政策、反垄断政策难以完全适应数字经济发展的要求。根据马克思主义观点，生产力的进步必然带来生产关系的调整，从工业生产力向数字生产力的跃升必然要求加快建立健全平台经济治理体系。随着数字经济发展不断深入，到 2035 年，数字时代的社会主义市场经济制度将不断完善，形成较为成熟的数据要素市场规则体系。在建立数据资源产权、交易流通、跨境传输和安全保护等基础制度和标准规范，建立与数字经济发展相适应的政策法规体系，建立健全数字经济发展的数据确权机制、定价机制、资产交易、市场监管、产业政策、劳动政策、税收政策等方面会有显著成果。

二、未来数字经济健康发展需处理好四大关系

在当前时代背景下，数字经济已然成为新一轮全球产业变革的新引擎、大国经济竞争的焦点，其重要性在于重组全球要素资源、重塑全球经济结构，并深刻改变全球竞争格局。近年来，随着大数据、云计算、人工智能、区块链等前沿科技迅速融入经济社会发展的各个领域和全过程，中国已跃升为全球数字技术最为活跃的应用市场之一，数字经济成为国民经济中强劲的增长动力。

然而，随着数字经济的迅猛发展，一系列问题也逐渐浮出水面，如互联网平台垄断、资本无序扩张、关键核心技术受限、产业链供应链风险等。因此，我们

需要以数字经济的发展趋势和内在规律为依据，妥善处理相关重大关系，以确保数字经济的健康、稳定与可持续发展。

（一）处理好促进发展与监管规范的关系

近年来，数字经济发展取得的巨大成就与暴露的突出问题从正反两个方面证明，数字经济健康发展要坚持促进发展和监管规范两手抓，在发展中规范、在规范中发展。

以互联网平台为例，"算法歧视""二选一""大数据杀熟""垄断定价"等问题，都是数字经济发展中的烦恼，也是数字经济监管亟须解决的问题。引导数字经济健康发展，一方面要有立规建制的手段，健全市场准入制度、公平竞争审查制度、公平竞争监管制度，建立全方位、多层次、立体化监管体系，实现事前事中事后全链条全领域监管；另一方面要有采取措施的方法，划定红线底线，纠正和规范发展过程中损害群众利益、妨碍公平竞争的行为和做法，防止平台垄断和资本无序扩张，依法查处垄断和不正当竞争行为。

（二）处理好数字经济与实体经济的关系

《中共中央关于制定国民经济和社会发展第十四个五年规划和二〇三五年远景目标的建议》中也强调，发展数字经济，推进数字产业化和产业数字化，推动数字经济和实体经济深度融合，打造具有国际竞争力的数字产业集群。由此可见，数字经济与实体经济的深度融合不仅能够加快我国传统产业数字化转型、改变传统的粗放型经济增长方式、促进各个领域和行业的资源的高效利用，还能够深度挖掘国内市场的消费潜力、实现新旧动能转换。

近年来，数字经济是推动新旧动能接续转换、建设现代化经济体系最强劲的动力引擎，但发展过程中也暴露出数字经济与实体经济发展失衡的问题，主要表现为数字经济"脱实向虚"、线下与线上冷热两重天等，其本质是国民经济重大比例关系失衡在数字经济时代的新特征。引导数字经济健康发展，要充分认识数字经济发展最大的底气是实体经济，尤其是门类最齐全的工业体系，特别是一大批"专精特新"企业和制造业单项冠军企业。

为了实现数字技术与实体经济的深度融合，我们必须精准把握数字化、网络化、智能化的前进方向。在此基础上，需要积极推进制造业、服务业、农业等产业的数字化转型，通过运用互联网新技术，实现对传统产业的全面、系统性改造。此举旨在提高全要素生产率，从而充分释放数字技术对经济发展的放大、叠加、倍增效应。

（三）处理好开放合作与自立自强的关系

从现实角度来看，近年来，数字经济作为对外开放合作中的活跃领域，其重要性日益凸显。数字丝绸之路的持续拓展，特别是跨境电商等数字服务贸易的蓬勃发展，以及集成电路等电子信息制造业出口的稳定增长，均彰显了数字经济在全球经济格局中的重要地位。同时，电子商务、移动支付、智慧物流、智慧医疗、共享经济、数字文化消费和特色优势服务企业纷纷加快"走出去"步伐，围绕电子商务、数据治理等领域的国际合作也在持续深化。

然而，值得注意的是，支撑数字经济这座大厦的核心技术的自主权仍未完全掌握在我们自己手中，这导致了一系列"卡脖子"的技术问题凸显。因此，为了确保数字经济的健康、稳定发展，我们必须坚持科技自立自强的原则，着力突破技术瓶颈，为数字经济的发展提供坚实的支撑。关键核心技术是买不来的、讨不来的，要牵住自主创新这个"牛鼻子"，充分利用社会主义制度优势、新型举国体制优势、超大规模市场优势，充分利用海量数据资源与丰富应用场景，既要打好补短板的关键核心技术攻坚战，甩掉"卡脖子"问题，又要打好扬优势的领跑型前沿基础技术攻坚战，提高数字技术基础研发能力，在量子信息、光子与微纳电子、网络通信、人工智能等前沿科技领域构筑"非对称"技术优势，全面增强国家战略科技力量，真正迎来数字时代科技自立自强的根本性转变。

（四）处理好扩大需求与优化供给的关系

近年来，超大规模市场优势、丰富应用场景资源是我国数字经济快速发展的最大推动力。引导数字经济健康发展，既要从需求侧入手充分利用国内大市场、畅通国内大循环，又要从供给侧发力推动产业链供应链补链固链强链，加快制定数字经济领域"断供"的风险预警与预案，推动数字经济基础产品进口来源多元化，加快推进"卡脖子"技术产品的国产化培育，实施数字经济基础产业再造工程，在类脑智能、量子信息、卫星互联网等前沿科技和产业变革领域，组织实施未来产业孵化与加速计划。

第三章 数字经济与经济高质量发展的关系

数字经济极大地推动了国民经济的快速发展，并在促进产业结构优化升级方面发挥了重要作用。在我国，数字经济已成为国家总体经济的引擎和驱动力，其重要地位日益凸显。本章从数字经济与经济发展的关系、数字经济是高质量经济、数字经济对经济高质量发展的影响三个方面，探讨数字经济与经济高质量发展的关系。

第一节 数字经济与经济发展的关系

一、影响经济发展的主要因素

在传统经济增长理论的指导下，我们深入分析了影响经济发展的主要因素。通过回顾和梳理这一理论的演变脉络，我们可以归纳出经济发展的核心驱动力。一般而言，马克思主义经济增长理论被视为研究经济增长的起点，此外，出现了古典、新古典、新增长、新制度、结构主义等主流经济增长理论。根据这些理论框架，我们归纳出影响经济发展的五大核心因素，即生产要素、技术进步、需求因素、制度变迁和产业结构。

（一）生产要素

"经济增长的过程是一个在生产函数条件下的一系列生产要素投入和产出的过程，因此经济增长动力如何首先由投入的生产要素的数量和质量以及结构决定。"[①]

资本、劳动力等生产要素的投入是影响经济发展的重要因素。一般来说，物质资本、人力资本、知识资本是构成资本的重要因素。物质资本重点强调对有形

---
① 权衡.经济新常态[M].上海：上海人民出版社，2017：5.

资产的投资，是推动经济增长的物质基础；人力资本主要用于投资教育，其能有效提升劳动者素质；知识资本区别于人力资本，其主要聚焦在研发领域。

新古典经济增长模型强调，资本、劳动力等生产要素的投入对经济发展具有正向的推动作用，即在劳动力不变的情况下，资本投入越多，经济增长越快；同样地，在资本投入不变的前提下，劳动力数量越多，经济增长也越快。物质资本、人力资本、劳动投入等均是影响经济发展的主要因素，其将对经济发展产生不同程度的贡献。

（二）技术进步

技术具有内生性，是影响经济发展的重要因素。在阿罗-谢辛斯基模型、罗默模型中，技术进步主要体现于知识资本中，即通过提升劳动者生产效率，实现技术进步。在卢卡斯模型中，技术进步重点强调人力资本的作用，认为人力资本能提升全要素生产率，加快技术进步。

总体来看，技术进步主要通过四方面来提升全要素生产率，进而推动经济发展。一是节约生产要素投入：通过提高要素投入的产出效率（如提升劳动生产率、优化装备技术等）实现以较少的要素投入获取更多的产出收益。二是优化要素投入组合：某一行业中新技术的使用会使其生产效率提升，而技术相对落后的行业生产效率偏低，基于产业分工理论，要素资源就会由生产效率偏低的行业流向高生产率的行业，进而实现了要素资源的重新组合与优化。三是提升组织管理水平：先进技术能加快企业内部的组织管理制度革新，进而能通过提升组织管理水平，提高劳动生产率。四是知识进步与扩散：知识进步能提高劳动者素质，同时利用知识进步的扩散效应，进一步推动生产效率的提高。

（三）需求因素

凯恩斯的有效需求理论认为，社会总需求不足（即消费需求、投资需求等有效需求不足）会导致社会总就业量下降，经济萎缩下滑。消费需求与投资需求是经济发展的重要驱动力。

其中，消费需求主要指消费者对物质资料、精神服务等方面的追求，其与经济发展之间相互促进。消费需求的多样化推动了经济发展，同时，经济发展水平的提升进一步提升了消费需求的层次与品质。投资需求是企业对投资品的需求，其属于生产性需求。投资需求是扩大再生产的动力来源，其通过参与生产与再生产过程，刺激生产扩大产量，进而推动经济快速发展。

（四）制度变迁

制度变迁主要强调制度间的替代、交易与转化，是效率较低的制度转向效率更高的制度。制度变迁对经济发展起到了根本性的推动作用。

制度变迁主要通过影响其他因素的效率来促进经济增长，具体体现在以下四点。

第一，制度变迁与技术。效率高的经济制度能推动一系列技术创新活动形成，一定程度上能加快技术进步。第二，制度变迁与劳动力素质。有效的激励制度能提高劳动者的积极性，提高劳动生产率。第三，制度变迁与信息。合理的制度安排能加快信息的获取、处理与传递，能最大限度地消除信息不对称等问题。第四，制度变迁与资本。有效的经济制度能加大资本的产出效率，提升资本的利用效率。

（五）产业结构

大量理论研究与实证检验证明，产业结构对经济发展具有一定的促进作用。其中，西蒙·库兹涅茨的结构增长理论是其主要理论来源。库兹涅茨从产业结构角度衡量国民收入，强调产业结构演进是经济增长的动因；库兹涅茨对比分析多个国家的经验数据发现，产业结构能促进经济增长。他还通过实证研究分析发现，产业结构转变是经济实现快速增长的关键因素，其中服务业增长速度最快。

综合来看，产业结构与经济增长之间相互影响。一方面经济增长改变社会需求使供求平衡被打破，社会生产部门为满足经济发展中的实际需求需要加快调整生产部门内部结构，推动产业结构的演化与升级；另一方面，产业结构的演进能优化资源配置，推动其配置效率与使用效率不断提升，进而加速经济发展。

二、数字经济对经济发展的影响

（一）数字经济是对传统经济发展模式的有益补充

GDP增速的下滑凸显了传统经济发展模式的动力匮乏。具体体现在以下几个方面：首先，生产要素价格的持续攀升，显著增加了制造业的生产和运营成本；其次，人口老龄化问题的日益加剧，导致了劳动力供应的短缺和劳动力成本的上涨；再次，资产价格，特别是土地价格的急剧上升，也带来了不小的经济压力；最后，需求端的疲软，特别是消费需求的不足，进一步加剧了经济困境。因此，从当前的经济形势来看，传统要素驱动的经济发展模式已明显滞后。为突破这一困境并激发经济发展的新活力，急需寻求一种新型的经济形态。数字经济，作为从农业经济、工业经济、信息经济逐步演化而来的高级经济形态，具备成为新时期经济增长的新引擎和产业转型的主抓手的潜力。

数字经济，作为一种新兴的经济形态，正以其独特的方式对传统经济发展模式进行补充与完善，进而推动经济的全面发展。其主要体现在以下两个方面。

一方面，数字经济在遵循传统经济发展模式一般规律的同时，也展现出其独特的价值。在数字经济发展的初期阶段，它主要以信息技术的形式在传统经济增长理论模型中发挥作用。数字产业化作为数字经济发展的核心与基础，其在发展早期主要体现在信息通信技术水平上，这些技术对经济发展的作用效果主要通过信息技术这一形式得以展现。

其一，从新古典经济增长理论模型的视角来看，数字经济在其中扮演着重要角色。新古典经济增长理论认为，外生的技术进步与劳动增长是决定稳态经济增长率的关键要素。在此背景下，关于信息技术对经济增长的影响，学术界主要持有三种观点：观点一，信息技术被视为外生性的技术进步，其能够显著提升全要素生产率，进而推动经济发展；观点二，信息技术被视作一种生产要素，能够直接为经济发展提供动力；观点三，信息技术作为一种资本形式，通过资本深化与替代效应，有效促进了经济的增长。

其二，内生经济增长理论指出，决定经济可持续性增长的关键要素是内生性的技术进步。在此基础上，关于信息技术对经济增长的影响可总结为以下观点：第一，信息技术具有外部性，其能通过技术外溢与扩散，实现网络效应或溢出效应；第二，信息技术能对相关产业进行技术改造，以提升其要素生产率，继而促进经济增长；第三，信息技术能通过减少信息沟通成本，实现全要素生产率的提升与经济增长。

另一方面，数字经济有不同于传统经济增长的特殊之处。数字经济的独特属性能打破传统经济增长模式制约,是经济发展的高级阶段。

首先,在数字经济时代,数据成为不同于土地、劳动力等传统生产要素的生产要素,数据所具有的可复制、可推广、可共享的特性,能使生产函数无限供给与增长,打破传统生产要素供给有限的约束,推动经济可持续发展。

其次,数字技术的"摩尔定律"特性,能使数字技术突破传统的线性约束,使经济市场规模呈指数增长。另外,数字经济能加快传统生产方式的数字化转型,通过推动数字技术与传统产业渗透融合,衍生出工业互联网、智能制造、金融科技等新模式新业态,从而实现产业结构的优化升级,继而促进经济发展。

最后,数字经济的成本递减特性突出,这使其明显区别于传统的经济增长。从规模经济效应看,数字经济发展遵循梅特卡夫效应,能随着互联网用户的规模化,实现边际成本为零的目标;从范围经济效应看,数字经济的数据依赖性、技术创新性将相关性不强的产品建立联系,凸显了整体的范围经济效应。

(二)数字经济的发展特性影响经济发展的驱动要素

1. 数字经济的发展特性

就目前而言,数字经济的发展态势主要体现为数据依赖性、技术创新性、成本递减性以及产业融合性。具体来说,其发展特性可归纳如下。

首先,数据依赖性显著。在数字经济时代,数据已成为支撑其活动持续运行的核心要素。与土地、劳动力等传统生产要素不同,数据具备可复制、可推广、可共享的独特性质,能够实现生产要素的无限供给与增长,从而突破传统生产要素供给有限的限制,为数字经济的可持续发展奠定坚实基础。

其次,技术创新性突出。数字技术以其高速度、高竞争等特性,不断催生新的技术业态与模式,不仅颠覆了企业的传统价值创造方式,还深刻改变了产业基础结构、市场竞争格局以及经济社会的组织结构,有力推动了数字经济的快速发展。

再次,渗透融合性明显。这主要体现在三个方面:一是产业渗透融合,即相关数字产业间的交互融合,以及农业、工业、服务业三大产业间的跨产业数字化融合;二是企业渗透融合,即传统企业通过数字化转型实现与数字经济的深度融合;三是生产渗透融合,数字基础设施的布局与使用使得数字生产更加全面。

最后，共享普惠性凸显。平台经济是数字经济发展过程中衍生出来的一种新型商业模式，其具有普惠包容、开放共享等特点；其能实现资源的高效流动与共享，也能打通消费者与生产者之间的双边甚至多边市场，实现消费生产一体化。

2. 数字经济发展特性对经济发展的影响

第一，数字经济的发展特性能通过影响技术进步，促进经济发展。数字经济的技术创新性能通过技术创新效应与技术扩散效应，提升信息与通信技术领域整体的创新水平，继而推动整个行业的技术进步，从而影响经济增长理论模型，促进经济发展；其数据依赖性能通过发挥数据的要素配置功能，提升资源配置效率与利用效率，推动全行业技术进步。

第二，数字经济的发展特性能通过优化产业结构，推动经济发展。数字经济的技术创新性能通过产业创新效应，促进数字产业进行数字化革新；数字经济的数据依赖性能通过产业关联效应，推动形成布局合理的数字产业集群；数字经济的渗透融合性能通过产业融合效应，实现数字技术与传统产业的融合发展。

第三，数字经济的发展特性能通过刺激需求因素特别是消费需求，加快经济增长。数字经济的技术创新性能推动消费领域生产阶段的数字化改革，从而改善生产消费，驱动供需匹配；数字经济的共享普惠性能通过延展消费内容、丰富消费行为，拉动生活消费，激发消费潜力。

三、数字经济推动经济发展的传导机制

基于传统经济增长理论，特别是新古典经济增长理论，我们旨在构建数字经济发展特性与经济增长理论之间的逻辑联系。下面我们将从宏观经济增长理论、中观产业组织理论以及微观消费者理论三个层面出发对数字经济如何通过全要素生产率提升、产业结构优化以及消费需求驱动三个方面，对经济发展产生具体影响的机理进行深入剖析。这一分析旨在提供一个全面、理性的视角，以探究数字经济在现代经济体系中的重要作用。

（一）宏观层面：全要素生产率

1. 数字经济通过提升全要素生产率，实现经济效率变革

研究索洛的经济增长模型 $Y=AF(K,L)$ 发现，实现经济增长（即产出 Y 增

加）主要有三种方式：一是加大生产要素 K、L 的投入总量或是调整生产要素 K、L 的投入比例，使产出 Y 增加；二是改变函数形式或者加入新的生产要素改善资源配置效率；三是通过技术进步提升全要素生产率（参数 A 增大），从而提升总产量 Y。

上述内容系对数字经济领域内全要素生产率在理论层面的深入剖析。此外，通过构建计量模型并实证检验，结果确实显示数字经济对全要素生产率具有显著提升作用。

在技术进步与商业模式创新两大关键要素中，技术水平的提升和要素配置效率的优化是全要素生产率提升的核心。

一方面，数字经济凭借其技术创新特性，显著增强了 ICT 领域的整体创新能力。具体来说，云计算、区块链、人工智能等数字技术，通过其技术创新效应，直接促进了 ICT 领域的生产效率。同时，技术本身具备扩散溢出效应，随着数字技术的不断创新与应用，这种效应被进一步放大，从而使得全要素生产率的提升从 ICT 领域逐步拓展至整个经济体系，实现国民经济整体效率的根本性变革。

另一方面，数字经济的数据依赖性，凸显了数据的重要价值，其能通过提高要素配置效率，有效推动全要素生产率的提升。一是弱化信息的不对称问题，供需双方可通过数字化平台，实现社会资源的有效对接，进而缩小供需缺口，纠正资源错配，提升要素匹配效率；二是突破空间制约，依托互联网平台，通过数据加工与传输，整合跨区域资源，发挥数字经济的集聚效应；三是数据的开放、共享等特性，能加剧市场竞争，促进竞争机制的形成，利于市场效率的改善与提升。

2. "索洛悖论"之争

聚焦当前，关于数字经济与全要素生产率，部分学者认为其存在"索洛悖论"现象：数字技术对全要素生产率的影响不显著。之所以出现这种现象，主要源于两方面因素。一方面，可能是选用的数字经济统计方法不恰当。数字经济是一种新型经济形态，若用传统思维和方法评估数字经济规模可能会出现所谓的"索洛悖论"现象。另一方面，数字技术作为数字经济发展的基础，其拥有与传统技术相同的"通用目的技术"特性以及区别于传统技术的"专用目的技术"特性；而

"通用目的技术"特性可能是引发"索洛论"的重要因素。"通用目的技术"可能因其自身具有较强的正外部性，导致研发投入低于社会最优水平。同时，也可能会导致数字经济部门与经济整体部门发展不同步。

虽然数字经济在一定程度上能引发"索洛悖论"，但只要注重规避数字经济发展的内在问题，仍可以显著提升全要素生产率，促进经济发展。例如，破除传统思维方式，建立适用于数字经济发展的统计与评估体系；大力发展数字技术，提升数字技术研发创新水平，尤其注重其"专用目的技术"特性的提升与推广。

（二）中观层面：产业结构

1. 数字经济通过推动产业结构升级，实现经济动力变革

在经济发展中，产业结构占据重要地位，它通过优化资源配置，成为实现经济高速增长不可或缺的因素。在产业组织理论的框架内，以数字技术为核心的新一代产业模式，即数字经济，凭借其技术创新性等特性，成功打破了传统产业的地理空间限制，推动了产业的持续转型升级，进而创造了更多新价值，为经济发展注入了强劲动力。特别地，数字经济对经济发展的动力变革主要聚焦于产业结构升级上，其通过数字技术与传统产业的深度融合，突破了传统产业组织理论的局限，创新了产业结构模式，促使经济发展方式实现了从低效率向高效率的转变。此外，众多研究学者的实证研究成果也进一步证实了数字经济的技术创新性等特性在推动产业结构转型升级中的积极作用。

能够看出，数字经济通过促进数字技术的产业化发展，对产业结构的优化与升级起到显著的"赋能效应"。这一效应主要体现在以下三个方面。

首先，数字经济展现出强大的产业关联效应。数字技术有效连接了不同产业部门，以数字产业为核心，逐步向最紧密的行业延伸，并通过横向和纵向的产业关联，构建出布局合理、分工明确的产业集群。

其次，数字经济产生了显著的产业创新效应。其技术创新性不仅推动了产业形态的持续升级更新，而且在引导未来产业升级方向的同时，不断催生新的需求，进一步推动了数字产业的革新发展。

最后，数字经济还呈现出显著的产业融合效应。数字技术与三大产业的深度

融合发展，有助于克服传统产业发展中的弊端，推动传统产业向高级化方向演进。在农业领域，云计算、大数据、物联网和移动互联网等数字技术的广泛应用，极大地推动了农业的网络化经营；在制造业领域，"5G+工业互联网"以及工业大数据的广泛应用，可实现制造业资源的高效配置，也可推动制造业服务化转型，创造更多高附加值的产品与服务；在服务业方面，电子商务、共享经济、金融科技、智慧医疗、在线教育等新兴业态以及网上挂号、在线点餐、电子支付等数字服务，能大大提高现代服务业的运转效率。

2. "鲍莫尔病"之争

关于数字经济与产业结构升级，当前学术界又有不同的观点与争论：数字经济到底是加重了"鲍莫尔病"，还是缓解了"鲍莫尔病"。其中，"鲍莫尔病"又称为"鲍莫尔成本病"，是在产业转型升级过程中，因产业部门生产效率高低不一，最终导致经济发展放缓甚至停滞的一种现象。在数字经济时代，数字产业成为鲍莫尔模型中的"进步部门"，而那些难以进行数字化改造的传统产业，如表演艺术、教育等就成为"停滞部门"，因"进步部门"生产效率普遍高于"停滞部门"，导致少数难以通过数字化改进生产效率的"停滞部门"的行业成本上升，在一定程度上引发了"鲍莫尔病"。

但同时，数字技术的运用能通过推动传统产业结构转型升级，缓解甚至克服"鲍莫尔病"，继而促进经济发展。一方面，数字技术通过与传统产业尤其是服务业深度融合、跨界渗透，衍生出电子商务、互联网金融、数字贸易、现代物流等新业态，超越传统"鲍莫尔病"的理论分析框架，在提升传统服务业生产效率的同时，也能激发经济发展新动力；另一方面，数字技术的广泛运用，能提升鲍莫尔模型中"进步部门"的比例，降低"停滞部门"的比例，甚至能控制部分导致成本上涨的因素，从根本上瓦解"鲍莫尔病"的形成条件。但需要警惕的是，数字经济的无序扩张，将会加剧行业垄断竞争，阻碍经济包容性发展。因此，要想发挥数字经济对产业结构升级的正向推动作用，应坚持发展与规范并重，支持与监管并抓，引导数字经济健康有序发展。

（三）微观层面：消费需求

根据凯恩斯的有效需求理论，消费需求在推动经济持续增长中扮演着至关重要的角色。从消费者行为理论的视角出发，数字经济以其数据依赖性、技术创新性和共享普惠性等特性，显著增强了消费品供需之间的匹配度和互动性。通过运用数字经济的大数据思维、网络外部性以及长尾效应等机制，我们能够优化消费者偏好，精准地识别并激发消费需求，进而改变消费者的消费行为与预期。数字经济能够更有效地刺激消费需求，促进消费的规模扩张和质量提升，为经济的高质量发展注入强大动力。

首先，在改善生产消费、驱动供需匹配方面，数字经济能够发挥出重要的作用。具体而言，它推动了生产阶段的数字化改革，进而带动了消费侧的数字化与智能化革新，有效促进了消费的扩容与提质。其影响主要体现在以下两个方面。一方面，供需匹配能有效推动消费"量"的增长。数字经济通过增加有效供给，缓解了供需错配的问题，从而有利于消费总量与规模的持续增长。用户借助互联网平台，在完成商品与劳务消费的同时，也为该平台创造了更多的新数据与新内容，使得消费过程本身也成了数据等新的数字内容的生产过程。另一方面，数字经济通过驱动供需匹配，实现了消费"质"的提升。产品质量不高、优质产品供给不足是制约消费升级的重要因素。数字经济通过技术创新，从供给端提升了产品质量，满足了居民多样化的消费需求；与此同时，它还进一步地提升了产品本身的技术水平，从而对居民消费的新需求进行了充分挖掘。

其次，数字经济能拉动生活消费，激发消费潜力。数字经济通过延展消费内容，丰富消费行为，使生活消费规模持续扩大，消费结构优化升级。数字经济能延展消费内容，主要体现于三方面：一是消费内容更加丰富完善，其不仅使传统的消费产品进行数字化改造，也扩展了更多新型的消费产品；二是消费产品更趋向虚拟化，网络视频、音频等非物质类消费产品比重显著提升；三是数字技术的广泛应用使得衍生出更多新的个性化产品与服务。

最后，数字经济也使居民的生活消费行为更加多元化，个人消费模式逐步向网络化转变，以往用银行卡或现金支付的传统消费方式已经落后，微信、支付宝、手机银行等电子支付逐步成为消费者的主要支付方式。同时，数字经济新业态的发展，也催生出更多新型的消费方式，优化了居民的消费结构。

第二节　数字经济是高质量经济

一、数字经济是创新驱动的经济

由于数字经济与传统经济在信息处理方式上的根本差异，相较于传统的经济形态，数字经济展现出了更为迅猛的技术进步速度和更为强大的创新驱动能力。在传统经济中，原子作为物质世界的基本构成单元，其进化过程相对缓慢。然而，在数字经济中，比特作为信息的基本单位，其进化则遵循摩尔定律，这意味着计算速度几乎每两年便实现一次翻番，从而凸显出数字经济独特的创新驱动特性。

人类的大脑，历经多年的演化，其发展历程呈现出较稳定的发展态势。然而，与之形成鲜明对比的是，电脑技术的发展则遵循摩尔定律，呈现出迅猛的指数式增长。人类认知能力的提升，主要得益于大脑皮层的扩展以及局部区域内褶皱的增多。这些褶皱不仅增加了大脑的表面积，还为容纳更多的神经元提供了物理基础。尽管大脑作为计算工具具有强大的能力，但其增长速度却相当缓慢。

而计算机的发展与摩尔定律相契合，其计算能力在不到两年的时间周期内即可实现翻倍，且这一发展趋势尚无明显减缓迹象。根据一些专家的观点，当前的信息技术革命在人类历史上具有独特性，显著区别于以往的技术进步。计算机的计算能力、存储能力以及连接能力等方面均呈现出指数级增长，大约每1至2年便实现翻倍。与此相比，工业革命期间的能源效率、世界连通速度以及载货量的增长率均未曾达到如此高水平。当前，指数级的效率改善并不仅限于微芯片技术，而是已广泛覆盖数字经济的多个领域。

摩尔定律在过去的实践中始终行之有效，然而关于其未来是否能持续有效或者何处才是尽头，目前业界尚未形成明确的结论。

尽管摩尔定律的有效性受到一定质疑，但计算能力的提升速度仍呈现显著加快的趋势。特别值得注意的是，图形处理器（GPU）的崛起为计算能力开辟了新的发展方向。英伟达的创始人黄仁勋提出，传统中央处理器（CPU）的摩尔定律已逐渐失效，设计人员在创建更高指令级并行性的CPU架构方面面临挑战。尽管晶体管数量每年增长50%，但CPU的性能提升幅度却仅限于每年10%。然而，计算能力的指数级增长并未因此停滞，更为强大的 GPU 定律开始崭露头角，它已广泛应用于机器学习和深度学习，成为人工智能的基石。黄仁勋将其称为"超级摩尔定律"，其计算处理能力的增长速度超越了摩尔定律，预计每 10 年性能将增长 1 000 倍。

在当前科技发展的浪潮下，数字化算力的增长依然呈现出惊人的态势，其发展潜力尚待进一步探索。若以当前的发展速度进行推测，在机器算力与人脑智能的竞赛中，计算机的计算能力超越人类只是时间问题，且一旦达到这一临界点，鉴于计算机技术的持续进化速度，人类将难以再实现反超。在围棋领域，我们看到了从人类棋手占据优势到计算机领先的转变，这一历程充分展示了技术进步的迅猛。因此，我们有理由相信，未来将有更多领域经历类似的变革。数字化决策逐渐取代人脑决策的趋势已然显现，这是技术发展的必然趋势，同时也意味着人脑经济向数字经济的转型难以阻挡。

二、数字经济是绿色可循环经济

数字技术对于降低碳排放及推动经济可持续发展具有显著作用。

具体而言，经济的数字化转型能显著减少传统经济活动，进而降低能源消耗。以数字通信技术为例，互联网的普及极大提升了沟通效率，减少了因人员流动所产生的碳排放。例如，会议、办公乃至教育活动，过去需要人们亲自到场才能进行，而数字经济的兴起使得这些活动能够在线上开展，显著减少了因线下活动而产生的碳排放。此外，经济的数字化转型还能够通过精准匹配供需关系，减少不必要的生产和浪费，提供更符合消费者需求的高质量产品，从而显著降低能源消耗，推动经济的可持续发展。

数字经济虽然可以大幅降低整体经济的碳排放，但数字经济本身的发展也会消耗大量能源，制造出新的碳排放，以全球晶圆代工的龙头企业台积电为例，随着芯片尺寸的缩小和密度的提高，单位芯片的能耗量和整体的耗电量也在不断提高。面对这种情况，数字经济企业纷纷制订了自己的减排和碳中和计划。台积电表示，将采用更积极的再生能源采用计划，更新 2030 年目标为全公司生产厂房 25% 用电量以及非生产厂房 100% 用电量为再生能源，并进而以全公司使用 100% 再生能源为长期目标。其他一些数字经济龙头企业，如腾讯、阿里、苹果、谷歌也都已经宣布了自己的碳中和计划。未来随着技术的进步，对于化石能源的需求有望进一步降低。

三、数字经济是协同发展的经济

数字经济不仅自身发展迅速，而且具有强烈的外部性，能够助推其他行业的发展，提高整体经济的增速。保罗·克鲁格曼（Paul Krugman）指出，技术具有强大的外部性，会导致产业集聚和区域专业化。任何一项技术的产生都会引起知识和创新的扩散，并最终使得全社会受益。

以谷歌的网络搜索技术为例，这一技术的诞生极大降低了人们获取信息的成本，成本的降低使得不同行业的利润率都有所提高，利润率的提高会刺激新的投资和消费，从而带动整体经济的成长。另外，网络搜索技术的产生也会大幅提高内容生产的收益，从而使得网络内容更为丰富。这种持续的链式反应会促进经济的迅速发展。

而技术进步则构成了经济发展的核心驱动力。因此，随着数字经济的兴起，人类社会步入了一个持续高速发展的新阶段。

以美国为例，自数字经济崭露头角以来，其经济增长态势显著加速，经济周期的波动大幅减弱，长期停滞现象消失。许多深受凯恩斯理论影响的经济学家未能准确预测在 2008 年金融危机后美国经济能够迅速复苏并持续高速增长，或错误地将此归功于量化宽松的货币政策。然而，事实表明，美国能从次贷危机中快速恢复，并未如 20 世纪 30 年代大萧条般再次陷入低谷，应更多地归功于技术进步所带来的巨大利润和投资空间，有效调节了因悲观预期而引发的信用波动。因此，技术进步使得 2008 年的金融危机只是美国经济持续增长历程中的短暂波折，而非如 20 世纪 30 年代大危机般演变为全面的经济萧条。

四、数字经济是开放共享的经济

随着数字经济的飞速发展，技术的迭代更新速度不断加快，其背后的复杂性也在持续攀升。产业链之间的相互依赖程度日益加深，这种趋势促使各国必须选择开放共享的道路。尽管美国在数字经济产业链中占据领先地位，但美国也无法单靠自己的力量来维持其在全球数字经济产业链中的优势。

在美国数字经济产业链的各个环节中，我们可以看到众多世界级公司的身影。在智能终端领域，苹果公司以其独特的产品设计和创新引领市场；在软件和云服务领域，微软公司以其强大的技术实力和广泛的业务布局成为行业的佼佼者；在电子商务和云服务领域，亚马逊公司以其庞大的商业帝国和领先的云计算服务提供商身份独树一帜；在网络搜索领域，谷歌公司以其强大的搜索算法和丰富的互联网服务占据主要地位；在社交领域，脸书公司以其庞大的用户基础和精准的广告投放能力成为行业的引领者；在智能电动汽车领域，特斯拉公司以其前瞻性的技术和独特的产品设计引领着市场的发展方向；在芯片设计领域，英特尔和超威半导体公司以其先进的技术和创新的产品推动着行业的发展；在人工智能芯片领域，英伟达公司以其强大的图形处理能力和创新的深度学习芯片处于行业的前沿；在在线视频领域，网飞公司以其创新的流媒体服务和丰富的内容库成为行业的引领者；在办公软件领域，奥多比系统公司以其出色的设计和图像处理软件受到广泛认可；在在线支付领域，贝宝公司以其便捷的支付服务和安全的交易保障成为行业的佼佼者；在数据库管理领域，甲骨文公司以其强大的数据库产品和专业的服务占据主要地位；在通信芯片领域，高通公司以其先进的无线通信技术和创新的芯片产品推动着行业的发展；在虚拟化基础设施领域，威睿公司以其出色的虚拟化技术和解决方案受到广泛认可；在共享出行领域，优步公司以其创新的共享出行模式和便捷的叫车服务改变了人们的出行方式；在动态随机存取存储器领域，美光科技公司以其高品质的存储产品处于行业的前沿；在电子设计自动化领域，新思科技公司以其创新的电子设计自动化工具推动着行业的发展；在可编程平台领域，赛灵思公司以其灵活的可编程芯片和解决方案受到广泛认可。这些公司都在各自领域中拥有举足轻重的地位。

然而，尽管美国在数字经济产业链中拥有众多世界级的企业，但其芯片产业仍然无法实现自给自足。几乎所有美国重要数字经济公司都需要依赖台积电来代工芯片，同时也需要采购来自荷兰阿斯麦公司的光刻机。这表明，即使美国在数字经济产业链中占据领先地位，但在某些关键领域，仍然需要依赖其他国家的技术和产能。这也进一步凸显了开放共享的重要性。各国应加强合作，共同推动数字经济的发展。

第三节　数字经济对经济高质量增长的影响

一、经济高质量发展的内涵

经济高质量发展的核心在于实行一种以更少生产要素投入、更低资源成本、更高效资源配置为特征的集约型经济发展模式，摒弃与中国国情不符的、过度追求经济增长的粗放型生产方式。这一转变的根本在于构建以经济效益和产品质量为核心的创新型经济增长体系。

作为农业大国，农业是我国持续稳定发展的基石。然而，随着城市化的迅猛推进，农村地区往往难以与城市同步发展，导致城乡发展失衡，对我国经济发展形成制约。因此，必须注重将数字经济与农村实体经济深度融合，全面优化现代农业生产体系，逐步缩小城乡发展差距。目前，对经济高质量发展的研究仍在深入进行，我们应持续推动经济高质量发展，为全面建设社会主义现代化国家奠定坚实基础。

二、数字经济影响经济高质量发展的表现

近年来，我国的经济发展受到了国际金融危机的冲击，这成为我国的经济从过去的高速发展过渡到了一个中高速发展的新阶段的原因之一。针对这一实际情况，我们必须摒弃传统的经济发展模式，以国内经济大循环为立足点，强化经济创新，全面优化经济发展模式。基于这样的认识，我们应持续探索经济创新路径，而数字经济正是推动经济高质量发展的重要手段。因此，当前阶段，大力发展数字经济已成为提升企业竞争力、降低运营成本、实现经济高质量发展的必由之路。

（一）数字经济使经济运行更具创新性

在数字技术的有力支撑下，数字经济实现了迅猛发展，这些技术覆盖大数据、互联网、通信、电子商务及共享经济等领域。随着技术的不断演进，产业链正向着更高的智能化水平迈进，产业模式的创新也催生了在线经济、无人经济、平台经济等一系列新业态，它们共同推动着经济的高质量发展。从本质上看，数字经济作为一种创新经济，必然会为传统经济带来深刻的变革。这种创新不仅体现在

技术的突破上，还体现在多要素投入组合的产出行为上。互联网的特性使其能够有效降低企业的搜索成本，促进数字经济实现现实与虚拟的深度融合。与此同时，借助大数据技术的精准定位，企业能够更好地满足消费者需求，提升运营效率，并在竞争中持续提高技术创新能力，从而最大化实现企业的盈利目标。

（二）数字经济使政府治理更具现代化

政府和市场关系的良性发展，可以有效地避免过度投资。众所周知，政府干预会对经济产生一定的影响，比如，当地政府为了保护当地的经济，往往会设置一些人才优惠政策，设置经济壁垒，有的脱离当地实际发展状况，照搬别的城市的产业模式，不能达到预期效果。而依靠数字技术，可以有效地实现跨地区互通，政府部门可以掌握更多的经济数据，从而做出更加科学、有效的决策。

三、数字经济对城市和乡村经济高质量发展的影响

（一）数字经济对城市经济高质量发展的影响

1. 数字经济重新构建城市经济运行系统

经济高质量发展目标的设定，标志着城市经济正迈向由传统经济向数字经济转型的关键阶段。新兴科学技术的崛起，正引领城市产业革命，深刻重塑社会经济生活模式，数字经济已成为推动产业变革的重要引擎。具体影响体现在以下几个方面。

首先，数字经济正重新构建城市的生产要素体系。在传统经济模式下，资本、资源和人才是产业的核心要素，其构成相对固定。然而，在数字经济时代，数据和技术成为关键生产要素，并呈现出动态变化的特性。数据具有可获取、可回收、可组合、可扩充的特点，能够突破物质形态的限制，在网络环境中实现价值倍增。这一新兴生产要素的崛起，使得各类生产要素和生产行为得以数据化，并以新的数据形态创造价值，从而进一步提升城市经济中优势产业的价值。

其次，数字经济正在重构供需关系。新的数字技术能够服务于供需两端，促进供需信息的相互转化，构建融合互通的产业结构。这种变革有助于优化资源配置，提高市场效率，推动经济社会的持续健康发展。

最后，数字经济正在重新构建产品价值。近年来，随着数字经济的深入发展，

数字化科技在引领传统产业转型升级方面发挥着越来越重要的作用，成为提升产业价值的重要驱动力。特别是电子商务的蓬勃发展，使得生产和消费过程能够在线上高效完成，形成了全新的产业范式。这一变化不仅促进了产业价值的提升，还推动了产业价值链向中高端的跃升，为城市经济的持续发展注入了新动力。

2. 数字经济提升社会生产率，提高城市经济效率

立足我国经济发展全局，全新的技术在产业中的应用正逐步走向成熟期，成为推动新旧动能转换、提升社会生产率以及经济效率的重要引擎。首先，数字化技术提升城市经济运行的效率。数字技术的应用可发挥数据分析和处理的作用，从微观的生产管理到宏观的经济发展趋势分析，都可利用新的技术进行获取。技术与生产各个环节的融合，可实现对经济形势的预判，保障经济决策和管理的精准有效，促进城市经济出现叠加效应，实现运行效率的提升。其次，数字化技术促进产业间的跨界融合。跨界融合为产业间合作、共创共赢、共同抵御风险的产业发展模式。而在数字经济时代，产业间的跨界融合更为深入。全新的技术可发挥中介的作用，通过信息共享、产业要素二次分配、风险预警，实现产业各类活动的交叉，形成相互配合、相互促进的全新的发展局面。最后，数字化技术优化产业格局，促进全要素生产率的提升。数字经济时代新兴技术引发产业制度创新，有效解决产业内部信息不畅通、生产要素难以配合等问题，也突破产业准入壁垒高的限制，使越来越多生产率更高的企业取代生产率过低的企业，产业结构不断优化，产业生产效能提升，促进城市经济高质量发展。

（二）数字经济对乡村经济高质量发展的影响

数字经济作为当前全球经济的重要发展趋势，正在深刻影响并推动中国各领域发生深刻变革。特别地，它为乡村经济的高质量发展注入了强大动力。鉴于乡村经济高质量发展对于中国现代化进程的重要性，依托数字经济推动乡村经济实现高质量发展具有深远的战略意义。

在全球数字经济蓬勃发展的当下，中国正积极把握这一历史机遇，推动各产业的转型升级。借助数字经济的力量，乡村产业得以在数字技术的支撑和数字信息的引导下，实现产业链的拓展与转型，进而促进乡村的全面振兴。具体而言，数字经济在乡村发展中发挥着至关重要的作用。一方面，它能够有效提升农业生

产的质量，为农产品经营开辟新的路径。这体现在数字化科学技术的合理运用上，包括利用数字技术分析农业生产数据，为农业生产经营决策提供科学依据，以及运用数字经营方式拓宽销售渠道，降低经营成本。另一方面，数字经济还能够改善农村产业环境，激发乡村发展活力。通过数字经济催生的电子商务等新型业态，不仅为农产品提供了新的销售渠道，同时也创造了更多的乡村就业岗位，促进了乡村经济的可持续发展。

中国数字经济正处于蓬勃发展阶段，国家应大力倡导数字经济赋能乡村经济高质量发展，并着重推进数字化技术进入乡村。目前中国乡村地区的数字化发展取得了诸多成果，包括数字农业生产、农村数字化企业经营和乡村数字服务等，但要确保数字经济在乡村经济高质量发展中持续发挥作用，未来各地仍需积极普及和深化数字经济应用。

第四章　数字经济促进经济高质量发展的机制与路径

在当前时代，数字经济的优势愈发显著，它已成为引领经济复苏、推动社会持续进步的重要动力。鉴于此，我们必须深入探索数字经济在促进经济高质量发展方面的机制与路径，以确保经济的稳健、高效发展得以实现。本章从人工智能、物联网、区块链、平台经济四个方面分析了数字经济促进经济高质量发展的机制与路径。

第一节　人工智能促进经济高质量发展的机制与路径

在经济学界对经济增长机制进行深入分析的过程中，从原先视技术进步为外部因素的新古典增长模型，到将技术进步视为内部驱动力的内生型增长模型，这一转变凸显了技术要素在经济增长中日益重要的地位。特别是在人工智能这一促进数字经济繁荣的核心技术领域。随着物联网、大数据、云计算、区块链等其他数字技术的日益成熟，人工智能与之相互融合，逐步渗透经济领域的多个方面，成为推动经济发展的不可或缺的因素。

我国对人工智能等数字技术在推动经济发展中的作用给予了高度重视。

创新要素在推动经济效率提升以及实现经济高质量发展的动力转换过程中，扮演着至关重要的角色。在创新驱动的指引下，我国正逐步从要素投资和以牺牲环境为代价的传统发展模式，转型至以服务业升级、高端制造业发展、深度城市化以及技术创新为主导的现代化发展模式。人工智能技术的不断发展和进步，不仅显著降低了人力成本，提升了经济运行的效率，还为技术创新提供了有力支撑，进而推动了经济高质量发展的动力转换。

一、人工智能影响经济高质量发展的机制分析

通用技术的概念涵盖三个核心要点：技术的广泛应用与推广，具备持续更新与升级的能力，能够激发并带动相关领域的创新活动。在当前时代背景下，深度学习神经网络已成为人工智能领域的主流技术，并以其独特的类比思考能力赋予了人工智能一定程度的自主学习能力。这一技术上的重大突破，不仅为人工智能在现实世界中的广泛应用提供了坚实基础，更为其发展为深刻推动经济社会变革的通用技术铺就了道路。创新是推动经济高质量发展的第一动力，而人工智能作为技术创新的重要驱动力，其影响已渗透各个行业领域。因此，人工智能在促进高质量发展方面发挥着巨大的作用，有助于实现创新、协调、绿色、开放、共享的发展模式。具体而言，人工智能通过影响要素投入结构转变、发展导向转变、产业发展转型以及经济发展方式转变这四个关键维度，为经济高质量发展提供了强有力的机制支撑。

（一）人工智能促使要素投入结构转变

经济高质量发展首先需要的就是降低对资源型要素的依赖以及重视技术、知识、创新等要素投入。人工智能是以计算机科学为基础，融合了心理学、哲学等的新型技术科学，其进一步发展也必须要求企业、科研机构以及政府部门对技术创新足够重视。如果各部门不够重视技术创新就无法释放人工智能的巨大经济潜力，反之，对技术创新的足够重视能够促进人工智能的发展。技术创新与人工智能的发展在数字经济背景下相互作用、相互影响、相互制约。

企业层面，假设技术进步的边际产出可以衡量，在完全竞争条件下人工智能技术进步边际产出高于其他要素的边际产出，当技术投入不断增加至所有要素边际产出相等时才会达到均衡状态。虽然完全竞争市场与现实并不完全相符，但此理论可以用来佐证人工智能对技术要素投入增加的冲击作用。人工智能还会使一部分过度依赖资源型要素投入的传统企业面临危机从而迫使这类企业转型升级。

产业层面，技术进步与人工智能的发展能够通过"干中学"和知识溢出效应为整个行业带来技术红利，使传统产业部门的资源优势丧失，从而促进从资源密集型产业占据主导地位到技术密集型产业占据主导地位的产业结构升级。

宏观层面，根据现有文献形成的一个普遍观点，即人工智能可以通过"智能

自动化"效应补充现有劳动力和资产以及促进技术创新来促进经济增长，这能够得出人工智能在促进经济增长的同时可降低整体经济增长对传统资源要素的依赖性，最终推动要素投入结构发生转变。

理论上讲，与其他领域的知识、技术相结合时，人工智能可以通过强大的计算能力及自我学习能力替代所有简单重复的人类劳动以及部分技术性劳动。在此背景下，传统的简单劳动力会被淘汰，同时具有创造性、灵活性及特殊情况复杂问题处理能力的人力资本会成为核心投入要素。人力资本投资和知识积累是区域经济持续发展的内生因素，而且人力资本的提升表现出较强的外部性，对其他生产要素的形成和使用效率提升等方面也有着积极的促进作用。人工智能以人力资本作为媒介，通过干中学及知识溢出效应促使从企业到产业再到宏观经济的要素投入结构转变。

（二）人工智能促使发展导向转变

人工智能有着创造巨大物质财富的潜力，但在数字经济深入发展的背景下会出现多种非物质财富形式，包括数字财富、绿色财富、信息财富及知识财富等。物质财富在非物质财富的影响下其重要性会相对降低。于是从财富创造角度来看，大数据、人工智能、区块链、云计算等数字技术会使财富种类增加，人们有了更多的选择余地，从而降低了对物质财富的过度追求。

现实层面，部分经济活动已经享受到了人工智能所带来的利好。例如，利用推荐算法可以较为精准地判断个体的喜好以便实现定向投放广告等各种信息活动，使用无人机可以实现人类无法完成的危险任务，图像识别算法和自然语言处理为日常生活带来便利，以及自动驾驶解放人力等。市场竞争条件下的诸多企业已经察觉到人工智能等数字技术会引起经济体系的巨大变革，纷纷进行转型以谋求长远发展。虽然人工智能在发展过程中会遇到很多不确定性因素，但是目前已经有了一个明显的趋势，即企业会因此走上一条创新、绿色、协调、可持续的高质量发展道路。

理论层面，随着人工智能促使要素投入结构发生转变，经济增长的动力来源也将发生转变。经济最终的发展导向是由最初的发展动力所决定的，以资源为主导的要素投入结构会形成对物质财富的过度追求以及对生态环境的破坏，而以技术、知识、创新为主导的要素投入结构会降低资源消耗，增加技术资本、知识资本的投入，自然能够形成可持续的发展模式。

要素投入结构的转变通过领先企业的传导机制决定总体发展导向的转变。当某一行业内领先企业产出主要依赖于技术、创新要素时，由于技术正外部性效应的存在，其他企业也会取得技术进步，从而降低行业整体对于资源型要素的依赖性，减少资源消耗，促成以绿色财富为导向的持续发展。

（三）人工智能促使产业发展转型

人工智能对要素投入结构转变的影响以及由此产生的发展导向的转变都使得传统的非技术密集型企业面临危机与挑战，同时强化先进企业的竞争优势。在数字经济产业蓬勃发展的情况下，传统产业逐渐丧失竞争优势，还需作出是否进行数字化转型的艰难抉择以及选择合适的转型路径。人工智能作为核心数字技术之一，具有能够替代人类劳动力的特殊性质，而各行各业的生产活动都涉及劳动要素的投入，因此人工智能会对各产业部门产生非常广泛的影响。在人工智能的影响下，几乎所有产业部门都必须思考如何进行转型升级。

高质量发展阶段数字经济产业的优势在各产业面临转型升级的背景下得以显现。在人工智能、大数据等数字核心技术的辅助之下，战略性新兴产业能够与其他产业部门甚至政府部门等建立紧密的经济联系，可以向其他产业部门提供基础信息服务来提升双方的收益。在我国庞大市场体系的支撑下，传统产业的危机在一定程度上得以缓解，新兴产业也能够实现较高的经济效益，从而实现资本积累与技术进步。此时经济体系可能会面临收入分配不平等的问题，只有在发展不平等现象得以缓解的条件下，新兴产业部门资本的快速积累和技术进步才能够促成新一轮发展实现良性的协调发展、循环发展。

人工智能对各行业的广泛影响能够使外部的市场竞争环境快速发生变化，部分产业部门在外部竞争环境快速变化的影响下会面临新的发展契机。例如，对于具有网络效应的复杂产品——通信设备来说，外部的市场竞争（选择环境）保持不变有利于先进入者竞争优势的保持，但如果外部选择环境发生了变化，则原来的最优行为方式可能成为一种次优的锁定。后发企业只有在掌握关键技术并以创新作为核心投入要素的情况下才能够获得自身的竞争优势。对于先进企业来说，不断地进行创新同样是其保持竞争优势的关键所在。人工智能通过使要素投入结构转变到发展导向转变的传导机制及能够替代人类劳动力的特殊性质影响产业发展转型。

（四）人工智能促使经济发展方式发生转变

经济发展方式是发展目标得以实现的路径与方式，经济发展方式转变包括经济运行行为、发展动力、发展约束适应和发展成果分享的转变这四个方面。经济运行行为的转变是指经济增长的速度和稳定性的变化；发展动力的转变是从外生动力转向内生动力；发展约束适应要求人们加强自我约束并减少对资源的消耗、占用和破坏；发展成果分享的转变要求实现居民生活质量的提升、产业结构的优化升级以及收入分配的完善。人工智能对发展动力转变、发展约束适应转变的影响是正向的，对经济运行行为转变和发展成果分享转变的影响是不确定的。

对于发展动力转变来说，人工智能带来的生产自动化具有生产力效应，即通过使用更便宜的资本替代劳动从而提高生产力。在追求利润最大化的前提下，生产自动化的生产力效应能够使企业重视技术创新以加速实现自动化获取经济利益。最终实现企业从依赖资源型要素投入的外生发展动力到依赖技术创新以提高自动化水平的内生发展动力的转变。

对于发展约束适应转变来说，人工智能在促使发展导向由物质财富转向绿色财富的过程中必然要求对生态环境进行恢复和改善，提升了各经济主体对于发展的生态环境约束的适应性。

对于经济运行行为转变来说，人工智能对生产率的提升具有正向作用，但人工智能有可能会对经济运行的平稳性产生负向影响。短期来看，人工智能的影响取决于被谁控制；而长期来看，则取决于是否能控制得住。所有领域的人都应该根据自身所掌握的知识、信息来思考如何在让人工智能为我们带来更多益处的同时避免潜在的风险，因为人工智能的发展速度极快且能够渗透到各个不同领域之中。我们正在经历一场深刻的数字化变革，部分企业已经开始利用人工智能、大数据等数字技术创造一个丰富的数字世界，然而有关新世界的发展规范尚未被制定，并且需要注意的是，数字世界的风险会对现实世界产生实质的影响，引发现实危机。

人工智能促使技术、创新要素在总体要素投入中发挥更大的作用，进而促使经济发展以绿色持续发展为导向。在技术、创新以及新型人力资本要素投入的增加以及追求绿色财富的发展导向的支撑下，产业发展得以转型，产业结构得以优化升级。暂时不考虑人工智能是否会造成严重的失业危机，仅考虑人工智能对收入分配可能产生的影响。人工智能所带来的生产自动化能够通过替代低技能劳动、增加高技能劳动需求与报酬的方式影响收入分配，从而加剧劳动收入不平等。除此之外，包含低技能劳动和高技能劳动的人类劳动要素收入份额也会受到影响。自动化程度的加深往往会降低劳动收入份额，导致要素收入分配不均等。因此，对于发展成果分享转变来说，人工智能会对产业结构优化升级起到正向作用，对收入分配起到负向作用。人工智能可以提高生产率，促进经济发展成果积累，但是经济发展成果的分配会影响人们的可支配收入，进而影响人们生活质量的提升。人工智能还能够通过改善生态环境这一渠道来提升人们的生活质量。在我国政府的宏观调控及适当的政策导向下，收入分配问题得以缓解的情况下，人工智能对人们生活质量的提升具有正向影响。

二、人工智能促进经济高质量发展的现实阻碍

发展人工智能技术的重要性已经成为普遍共识，但在更进一步地提升人工智能领域相关技术的过程中我们会遇到一些制约因素。只有逐步克服发展过程中的制约，才能够发挥人工智能对经济高质量发展的强大推动力。虽然发展人工智能是实现经济高质量发展的必要条件，但是人工智能的进一步发展未必能够成为经济高质量发展的充分条件。人工智能未来的发展有着许多不确定因素，甚至具备一定的危险特征。如今人工智能加剧失业、使收入分配进一步失衡、挑战现有道德与法律体系的风险性已经被人们初步认知，未来或许还有更大的未被注意的风险。

（一）人工智能促使要素投入结构转变过程中的技术制约因素

人工智能对经济高质量发展的根本性影响在于促使要素投入结构发生变化，在此基础上才有了发展导向的转变、产业发展的转型以及经济发展方式的变化。因此，发挥人工智能对要素投入结构转变的促进作用是实现经济高质量发展的关

键所在。然而在要素投入结构转变的过程中存在着不可忽视的技术制约因素，阻碍并限制着技术要素在我国经济高质量发展中发挥重要作用。技术制约因素包括技术壁垒、人才制约、信息基础设施制约等方面。

我国在经济高速增长时期，依靠快速承接国际产业转移，形成了具有全球强大竞争力的"低价工业化"的生产模式，这一成就的取得与干中学和技术的套利扩散机制分不开。技术的套利扩散机制是指最先学习国外先进技术的先行企业为后行企业铺了路，后行企业投资风险降低且有"搭便车"的可能性，由此形成了后进入者的套利机会，这也是后行企业的干中学的动力机制。我国经济的高速增长阶段主要依靠的是学习国外先进技术以及劳动力成本低的比较优势。经济高质量发展阶段我国使用人工智能、大数据等核心数字技术的前端产业面临不容忽视的技术壁垒，必须依靠自身实力钻研前端数字技术并进行技术创新。不同的是，现阶段前端产业中的先行企业以技术人才为支撑来发展自身技术优势。此种情况下先行企业所面临的风险大大高于传统增长阶段：一是因为研发成功的概率是一定的，且不受人为影响，企业会遇到选错方向的风险，造成沉没成本；二是即使方向正确，有些关键技术的掌握需要大量时间，如芯片制造会产生巨大的机会成本。从先行企业到后行企业的技术套利机制也会因为人们对知识产权及专利的逐步重视发生改变，后行企业也必须依靠自身在某些方面的再创新来拓展新市场。当先行企业和后行企业都以创新为动力来谋求自身发展时，极具多样性的创新成果的出现使市场能够被无限细分。企业的能力取决于自身的技术能力和创新能力，而技术能力和创新能力来源于人力资源。与欧美相比，我国缺乏人工智能、云计算、大数据等数字技术领域高端技术型人才，前端产业中的先行企业和后行企业都会受到技术制约、人才制约因素的影响。

我国相对落后的技术条件以及技术性创新型人才的相对欠缺都使得我们在进行信息基础设施建设的过程中面临一定的阻力。在进行信息基础设施建设的过程中需要投入大量的生产要素，包括科技投入和人力资本投入。我国作为一个幅员辽阔的国家，人口广泛地分布于全国各地，各地区经济发展差距较大，且技术条件相对落后，这使得在全国范围内建立完善的信息基础设施非常困难。完善的信息基础设施是发展人工智能的前提条件，由于短时间内很难实现在国内所有地区建立完善的信息基础设施，导致部分地区数字经济产业的发展会受到严重影响，既限制了本区域的经济增长，更限制了协调、开放、共享发展的实现，阻碍了经济的高质量发展。

（二）区域差距对人工智能促使经济高质量发展的制约

我国经济高速增长带来的一个重要的现实矛盾就是区域间有着较大的经济发展差距。经济发展状况的差异会造成基础设施条件、技术水平以及人才质量的差异，这三方面的差异又会使区域间的经济发展差距进一步拉大并形成恶性循环，严重制约以创新为第一动力、以协调为内生性特点的高质量发展的实现。南北经济差距扩大已经成为影响中国区域经济协调和高质量发展的一个重要问题，因此应高度关注我国区域经济差距的问题。

在人工智能背景下，科学技术水平、信息基础设施的完善程度以及人才水平是决定地区经济发展的关键因素，也是影响经济高质量发展的关键因素。东部地区高水平人力资本相对集聚，知识外溢效应通过人力资本正式或非正式交流的增加及扩大人力资本与物质资本的互补性等机制，促进技术创造。技术创造能够带来人工智能及其他数字技术的突破，并且能够进一步促进东部地区数字经济产业的发展。同时东部地区相对成熟的数字经济产业能够以高于其他地区的劳动报酬吸引更多的高水平人才，于是高水平人力资本不断地向东部地区迁移。另外，人口迁移流动能够作为劳动效率促进型经济增长的内生变量，极大地提高资本贡献率，进而提高生产效率。国内发达地区具备关键的技术优势及人才优势，能够率先实现以创新为第一动力的发展。对于国内落后地区来说，优秀人才会向外迁移流动，技术条件相对落后且不能从根本上得到改善。在现实的人才制约和技术制约因素的影响下，落后地区要实现要素投入结构由资源型要素占主导向技术要素占主导的转变是非常困难的。没有了技术要素占主导的支撑，落后地区的绿色发展、产业转型升级以及发展方式的转变都会变得更难实现。地区间经济发展方式的不平衡会严重影响以协调为内生性特点的经济的高质量发展。

在人工智能促进经济高质量发展的过程中，我国南北经济差距及东西经济差距较大的现实因素会导致实现经济高质量发展的重要条件即协调发展受到阻碍。在人工智能的自动化效应和生产力效应的作用下，高水平人力资本的报酬会在很大程度上高于普通劳动力，可能会加剧收入分配的不平等，再次拉大地区间的经济差距，制约经济高质量发展。

（三）人工智能导致的失业对经济高质量发展的制约

人工智能所助力的生产自动化，其影响可归结为替代效应与生产力效应两大方面。替代效应显著体现在对劳动力需求的潜在降低，而生产力效应则以更为经济高效的资本替代劳动的方式，实现生产力的显著提升。同时，这种效应亦促使尚未实现自动化的任务中劳动力需求的增加。当生产力效应强于替代效应时，劳动力需求会增加，而当替代效应较强时，劳动力需求则会降低，人工智能有引发失业问题的风险。

传统的机械化和自动化对人类劳动力同样具有替代作用，在其发展初期也展现出了对就业可能出现的负面影响。随着经济的进一步发展，我们可以看到传统机械化和自动化没有带来严重的失业危机，带来的是当时的劳动力从传统的农业、手工业部门向机械化部门的转移。然而人工智能算法所带来的自动化不同于传统的机械化和自动化，这是因为人工智能系统的自我学习能力使其能够自我完善感知能力和认知能力，以及对劳动力的替代程度远远高于传统的机械化和自动化。与机械化相类似，人工智能也可以创造出新的生产部门，但是由于人工智能对劳动力的替代效应远大于机械化，且目前没有迹象表明新的生产部门对劳动力具有较强的吸纳能力，人工智能可能会引发的失业危机应该被高度关注。充分就业是宏观经济运行的四个基础目标之一，是关系国计民生的重要方面。长期的高失业率会造成严重的资源浪费和民生危机，还会造成消费不振，使经济的持续发展受到阻碍。当人工智能通过自动化效应造成失业，生产率不会因失业率高而受到影响，反而受到生产力效应的影响而提高时，生产率的提高能够增加社会财富，增加的财富不会落入失业者手中，于是社会贫富差距会在此背景下扩大，两极分化加剧。人工智能所引发的失业最终会通过形成过大的群体收入差距威胁经济高质量发展。

（四）人工智能导致的收入分配不公对经济高质量发展的制约

人工智能通过两种渠道导致了收入分配不公。一是人工智能通过对劳动力的替代使得高技能劳动收入高于低技能劳动收入，二是人工智能通过成本较低的资本对成本较高的劳动力的替代使资本要素收入份额高于劳动要素收入份额。

与劳动要素收入份额相对资本要素收入份额降低相比，低技能劳动力和高技能劳动力之间的收入差距并非制约经济高质量发展的关键因素。这是因为在现实中，资本的分布相对于劳动力的分布更加不均，多数资本往往集中于少数人手中，而人工智能和自动化的发展会促进生产过程中资本要素的份额提升，资本报酬增加，从而加剧要素收入不平等。资本要素报酬的增加会使更多资本涌入，且人工智能能够促成资本对劳动力的替代，从而进一步使劳动要素报酬相对于资本要素报酬降低，造成社会财富不断地集中于少数人手中的不良后果。而且在人们可以获取大量信息的时代，收入分配不平等更容易使得社会矛盾激化，造成不稳定因素的形成，影响经济的持续发展。如果不制定适当的有针对性的宏观经济政策以缩小群体收入差距，就无法实现持续、协调、开放的发展，无法提高居民生活质量，无法促成发展成果的共享，无法实现经济发展方式的顺利转型。

三、人工智能促进经济高质量发展的路径选择

（一）优化人力资本配置

我国人力资本规模在教育扩张的影响下获得了增长，为使创新成为发展的第一动力提供了前提条件。目前，中国人力资本的数量、质量已具备一定基础，但人力资本在部门间不匹配，从而引起了资源配置低效率，致使创新动力不足。创新动力的不足会限制我国人工智能技术的发展进步，进而影响到人工智能对经济高质量发展的促进作用。我国人力资本行业间配置呈现出垂直化和沉淀化特征，即越接近体制内的行业部门，人力资本密度越大；越接近体制外的行业部门，人力资本密度越小。随着时间推移，这种特征进一步固化。为缓解人力资本错配对人工智能及经济高质量发展的负面影响，亟须优化人力资本的配置。人力资本对体制内的部门的偏好来源于不稳定的市场预期及由此带来的对生活质量的影响。因此，政府应完善市场对人力资本的选择机制。首先，完善的社会保障体系是弱化人们对经济运行不确定性的惧怕心理的最低保障；其次，应制定规范的行业准则，发挥工会在保障劳动者权益方面的重要作用，在数字经济迅速发展的背景下

及时完善保障劳动者权益的相关法律等；再次，政府应极力促进体制外的部门间形成良好的竞争秩序，适当扶持有潜力的中小企业发展，加强对大企业的监督，积极推进国有企业改革；最后，应在维持人力资本规模的前提下适当促进基础教育环境宽松化，提升高等教育质量，培养出具有创新性、多样性的优质人力资本，为优化人力资本配置及促进创新提供支撑。

（二）完善国家创新体系

在我国地区间经济差距逐渐被拉大的表象下，暗含的深层原因是区域创新水平的差异。我国区域创新能力的差异严重阻碍了区域协调发展。人工智能造成的工资差距扩大会使优秀人才集聚于创新的高水平区域，使其创新能力不断增强。而落后地区由于缺乏人才支撑，创新能力得不到提升。因此，落后地区自主创新能力的培养是缩小区域差距、完善国家创新体系的关键。吸引人才、发展人工智能等新型数字经济产业、推进传统产业的数字化转型，是培养自主创新能力、完善国家创新体系的有效措施。完善国家创新体系不仅需要强化自主创新，还需要加大人工智能等的数字基础设施投资，进而借助庞大的国内市场规模充分释放技术外溢效应。

（三）大力发展人工智能等数字经济产业

为了最大程度地发挥人工智能对经济高质量发展的积极作用并强化自主创新能力，应在重视人工智能相关的数字核心技术、大力发展人工智能等数字经济产业的同时，形成政产学研的有效合作机制。不过在此过程中应注意的是，政府作为科技体制或制度的供给者和公共研发支出者，要把重点放在基础科学研究和部分应用基础科学研究上，不宜过多干预具有竞争性的技术研发。在数字产业化的过程中，资本密集型新兴数字产业一般都具有较强的生命力，政府可以通过减免税收、提供低息甚至无息贷款、实施高素质人才优惠政策等措施来重点扶持中小型新兴数字产业的发展，为新兴数字产业的发展提供良好的竞争环境，进而激发出更加多样化的技术创新，为经济高质量发展提供充足动力。在传统产业数字化转型的过程中，为促进传统产业有效融合信息技术、互联网技术、大数据及5G技术，实现向产业互联网、工业互联网的转型升级，应当鼓励产业界构建基于数字供应链的数字生态圈，协同推进供应链要素数据化和数据要素供应链化，以推动智能化改造与产业协同共进。同时，应着力建设农业、制造业、服务业等行业数字化转型服务平台，助力行业实现高效、智能、绿色的数字化转型。

第二节　物联网促进经济高质量发展的机制与路径

目前，我国已进入以经济高质量发展为主题的新发展阶段。从根本上来说，经济发展自身是一个追求报酬持续增长的实践过程。经济高质量发展尤为强调通过长期且目标明确的策略，构建技术竞争优势，以规避传统要素依赖型增长模式所带来的报酬递减风险，从而确保经济增长的长远性与稳定性。与单纯追求数量增长的框架相异，经济高质量发展更侧重于提升要素质量，并将新型要素纳入增长轨道，其考量范畴亦扩展至教育医疗、生态环境、城市治理等多维度领域，以切实增进民生福祉。

从现阶段来看，数字经济与实体经济的深度融合，构成了推动我国经济发展质量、效率及动力变革的核心动力。物联网，作为数字经济与战略性新兴产业的关键构成，对我国社会经济全局及长远发展具有显著的引领与带动作用。其应用范围广泛，覆盖智慧农业、企业管理、工业生产、环境保护、居家养老、教育医疗、城市治理、智能交通、公共事务等多个社会经济领域。

在当前大数据、人工智能、区块链等新一代数字技术迅猛发展的背景下，物联网作为新兴且潜力巨大的经济增长点，将显著提升我国经济系统的运行效率，并推动社会管理平台的智能化水平提升。因此，物联网成为我国加快转变经济发展方式、实现经济高质量发展的坚实支撑。鉴于此，系统研究物联网对我国经济高质量发展的影响机制与路径不仅具有重要的理论价值，还具备深远的现实意义。

一、物联网及其价值创造

物联网的初始概念，由美国麻省理工学院的学者于1999年率先提出，他们界定物联网为通过射频识别技术（RFID）及多种传感设备，将各类物品与互联网连接，实现智能化识别与管理的网络。随后，在2005年，国际电信联盟在其年度报告中正式引入"物联网"这一术语，并阐述物联网通过内嵌短距离移动收发器于各类配件和日常用品中，构建了一种新型的人与人、人与物、物与物之间的实时交互方式。2008年，欧盟物联网研究项目工作组对物联网进行了新的诠释，认为其是由具备标识的虚拟物体或对象所构成的网络，在智能空间中，这些物体通过智慧的接口与用户、社会和环境进行互动。部分学者亦提出，物联网意味着世界上每个物体都能像互联网中的计算机一样实现互联互通。

当前，国内物联网的权威定义之一来源于中国科学院物联网研究发展中心，该中心从信息技术的视角出发，将物联网定义为基于标准的、可互操作的通信协议，在宽带移动通信、下一代网络和云计算平台等技术的支撑下，具备感知和智能处理能力的可标识亿万物品，智能处理物品或环境的状态信息，提供管理和控制的决策依据，甚至能在无人工干预的情况下实现联动，从而形成安全可信的全球性信息系统，用于信息获取、物品管理和控制。

基于此，物联网可简要理解为在现实世界的物品中嵌入特定传感设备，依据既定协议，通过感应识别技术、专用网络、信息系统等介质，实现自动信息读取、传输和智能处理，进而达成人与物、物与物之间自由的信息交换及智慧行动的网络系统。物联网技术群的核心要素包括物体、网络和信息，其中，传感技术、射频识别技术、平台基础技术和追溯技术等均为典型代表。

根据物联网的内在共性特征，即使其系统结构复杂多变，且各应用系统的功能与规模差异显著，我们仍可以将其简化为由感知层、网络层和应用层构成的三层结构网络体系。在此结构中，感知层依赖各种类型的自动感知设备及人工生产信息设备，实现物品标识与数据信息的智能化采集；网络层则运用局域网、互联网等有线或无线的网络技术，确保数据信息的有效交换与传输；而应用层则通过中间平台等路径，高效汇聚并存储感知信息，进而运用数据挖掘、大数据处理、智能决策等先进技术，对收集的数据信息进行深度加工处理与分析，从而提取相关知识，为多样化的行业应用提供有力支持。

从实质上来看，经济增长是一个深度价值创造与累积的过程。物联网技术及其应用的迅猛发展，正是源于其卓越的价值创造能力。

从一方面来看，物联网通过深度整合物质世界与信息世界，革新了信息沟通模式，从而实现了价值的创造。在物联网的框架下，沟通不再仅限于人与人之间，而是扩展到了人与物、物与物之间，构建了全新的交流渠道。借助物联网的识别与感知技术，人类能够获取海量的物体内部及物理环境信息，显著提升决策质量，甚至能够向智能物体和智能环境发送指令，赋予其人的主观意图，以满足人类的多样化需求。

从另一方面来说，物联网通过降低信息不对称、减少现实交易成本、提高经济系统运行效率，实现了价值的进一步创造。在数据驱动的现代社会，数据信息是价值的重要表现形式。物联网技术的发展极大地推动了数据信息采集、传输与处理的自动化和智能化水平。这不仅极大地扩展了人类可获取的物质世界信息数据量，而且在一定程度上简化了数据信息传输的中间环节。借助物联网的信息反馈技术，用户能够直接获取关注物体或环节的状态，减少信息不对称带来的交易成本，进而提高经济系统的整体运行效率，实现价值的创造与累积。

简而言之，物联网的价值创造，是数据信息采集、传输与处理过程变革的必然结果，也是新一代信息技术革命推动经济系统运行效率提升的有力证明。

二、物联网促进经济高质量发展的主要机制

就目前而言，新一代数字信息技术如人工智能、云计算、大数据等正在快速进步，呈现出迅猛的发展势头，物联网技术已在诸多生产生活领域得到广泛应用。人类社会正迈向一个以数字化、智能化、自动化为鲜明特征的新纪元，全面感知、互联互通、智慧服务的愿景正逐步转化为现实。在物联网的环境下，实体物体及其所处的环境被赋予了智能化的特性，这一重要变革显著改变了人类的传统生活与生产方式。该变革已深度融入工农业生产、城市治理、环境保护、人民生活等社会经济领域，催生了智能农业、智能工业、智能金融、智能交通、智能环保、智能医疗、智能家居等新兴行业的兴起。这些行业的蓬勃发展，已成为我国经济由传统要素数量型增长模式向技术创新驱动型高质量发展模式转变的重要推动力量。

（一）物联网促进农业高质量发展

智慧农业作为一种新型的农业生产模式，其核心在于通过先进的传感器设备实现对农作物生长环境的监控。这些设备结合遥感遥测、地理信息系统等尖端技术，能够实时获取土壤水分、空气温湿度、光照强度以及作物生长发育情况等关

键农业参数，因而智慧农业又可以称为物联网农业。所收集的数据信息经由物联网通信网络被传输至农业智能管理系统进行详尽的综合分析。系统通过动态模拟农业生产过程，对生长因子进行科学调控，并结合土壤快速分析、自动灌溉施肥、自动耕作收获等智能化农机技术，为管理人员提供决策支持，以优化农作物生长环境并调整农业产业布局。这一模式旨在实现农业资源的合理利用、降低生产成本、保护生态环境，并显著提升农产品的产量和质量。

智慧农业致力于通过精准化投入、精细化培育及智能化监管等路径，对传统农业的粗放式生产和管理模式进行全面革新，以推动农业的高质量发展。先进的传感器网络覆盖农作物生长环境，实时精准地捕获农业信息参数，使得农业智能管理系统能够基于这些数据，准时执行浇水、施肥、打药等作业，从而显著提升农业生产投入的精准性。物联网技术在农业生产中的深度应用，使得农业生产者和管理者能够全面掌握农作物生长规律及生产环境详情，从而制定更为精细的生产计划，选取适配的农作物品种，并施以拟人化培育，充分满足其养分需求。同时，借助物联网系统强大的感知技术，农业生产者和管理者能够实时收集农作物生长信息，并建立数据库进行记录，显著增强农业生产过程的可追溯性，进而使农业监管的智能化水平得到切实提升。

作为物联网技术在农业生产过程中的优秀成果，智慧农业为农业生产对象和农业生产管理者构建了一个高效的信息传输与沟通平台。该平台能够实时汇集农业生产决策所需的各类信息，并将其迅速传递至农业生产管理者手中。此举在很大程度上克服了传统农业生产中观测与控制滞后的弊端，极大地提升了农业生产的科学化与精准化水平。因此，智慧农业成为推动我国农业向"高产、优质、高效、生态、安全"的高质量发展模式转变的重要驱动力。

（二）物联网促进工业高质量发展

工业领域是物联网技术实现大规模应用的关键阵地，当前，以工业物联网和智能制造为引领的新型工业革命已正式启动。随着物联网技术的持续革新，人们迅速认识到，工业生产的多个生产环节均可借助物联网技术进行数字化转型与升级，进而构建工业物联网，显著提升工业企业的运营效率。工业物联网依托工业资源的数据互通、网络互联和系统互操作，实现制造过程的精准执行、制造环境的快速适应、制造原料的灵活调配和制造工艺的持续优化，构建了一个资源高效利用的新工业生态体系。这一体系具备六个显著特征，即数字建模、实时分析、泛在连接、智能感知、迭代优化和精准控制。

现如今，具备环境感知功能的小型工业传感器设备正迅速融入工业生产的各个领域，精准地测量或感知特定物体的状态及变化，实时捕获工业生产线上设备的功率、温度、形变、振动等关键数据。在智能算法的辅助下，工厂管理者可基于这些数据实现预测性维护和生产计划的灵活调整，从而优化生产流程，提高产品质量，降低生产成本与资源消耗，显著提升工厂生产效率，推动传统工业迈向智能工业的新纪元。

具体而言，物联网技术在工业生产中的深度应用，使管理者能够实时捕获工业生产参数，加强生产线过程检测、生产设备监控和材料消耗检测能力，这为工业生产过程的工艺优化提供了有力支持。同时，传感设备与工业制造技术的紧密融合，赋予了工厂管理者实时监控生产线工作状态的能力，实现对工业生产过程的智能控制与智能诊断，及时排除生产设备故障，确保生产过程的稳定与连续。

此外，物联网技术与环保设备的结合，有效提升了工业生产过程中的环境监测与能源管理能力。通过在工厂排污口部署无线传感设备，可以实现对工业排污情况的实时监控，进而增强了环保部门对污染性工业企业生产排污的管控能力。

目前，以美国为首的西方发达工业化国家已制定包含工业物联网在内的工业发展战略规划，旨在重新确立工业竞争优势。我国同样高度重视利用物联网、大数据等新一代数字信息技术，以赋能传统制造业，加快工业智能制造的实现。我国强调要将先进的信息化理念和工业智能技术贯穿于产品研发至生产制造的全过程，支持工业企业实现高效率、高质量、低排放的运营。

（三）物联网促进服务业高质量发展

就发展角度而言，物联网技术已在我国服务业的多个领域，包括物流仓储、教育医疗、金融保险等得到深度应用，成为推动服务业高质量发展不可或缺的因素。在物流服务领域，物联网技术如新型传感技术、信息交互技术、协同处理技术等被广泛引入，并借助无线传感网络和射频识别技术等，实现对物流各环节数据的实时采集。这不仅实现了物流过程的实时监控和高效调度安排，还有效提升了对物流资源的精准控制能力。通过物联网技术，我们显著增强了货物跟踪、产品追溯和安全管理的能力，大幅减少了货物搜寻时间，降低了劳动力成本，从而实现了物流效率的提升、物流服务的改善以及社会物流成本的降低。

其一，医疗服务领域。

智能医疗作为物联网技术在医疗卫生事业上的重要应用，其表现尤为突出。具体而言，智能医疗的物联网应用涵盖了医用物资的智能管理、医疗信息流程的精确管理、远程医疗监控系统的构建，以及临床护理监控系统的完善等方面。这一领域的深入发展，以数字通信技术为基石，通过运用集成电路卡、射频识别等物联网设备和技术，实现了对患者健康状态信息的实时采集和严密监控。与此同时，借助移动互联、智能宽带等网络系统，医疗信息得以高效承载和传输。智能化的临床决策支持系统则集成了临床指南、电子病历等多元化的医疗信息，为医生在临床路径指导下提供规范化诊疗的辅助支持，从而全面提升了医疗系统服务患者的质量与效率。这一系统的运用，不仅极大地推动了整个医疗过程的数字化进程，使之变得更加高效和智能化，还显著促进了医疗流程的科学化，使其更加规范和标准化。此外，这一系统还极大地提升了服务沟通的人性化水平，为患者提供了更为优质和便捷的医疗服务。

其二，教育服务领域。

传统学校正逐步迈向以互联互通为核心特征的智慧校园。在此过程中，智慧课桌、智能机器人等成为构建智慧化学习环境的关键要素，而人机交互更是成为教育和学习的日常实践。智慧教室，作为依托传感器、电子标签等物联网技术而打造的智能化教学环境，集数字化教学、环境智能调控、资产智能管理等功能于一体，显著增强了学生的学习体验，优化了教师的教学工作，并有效提高了学校的管理效率。

其三，金融服务领域。

现如今，物联网技术正日益成为银行管理、金融安全以及金融监管等领域的重要支撑。金融机构通过在生产设备上部署传感器，并利用物联网系统卓越的识别感知与数据处理能力，实现了对服务对象经营状态的实时监控和可视化追踪，确保了对关键数据信息的及时准确掌握。这一举措不仅有效消除了金融行业长期存在的信息不对称问题，还显著降低了因道德风险所引发的金融不确定性和风险管控成本。对于商业银行而言，通过在金融业务覆盖的区域内安装物联网传感设备，能够对金融交易和资金存储场所实施全方位的安全监管。同时，借助后端的智能管理平台，银行能够紧密连接多级组织机构，实现对所有前端网点的实时掌控，从而使银行金融系统的整体安全性得到显著提升。

（四）物联网促进城市高质量发展

城市管理与企业管理在许多方面存在共通性，而物联网在推动城市高质量发展中的核心逻辑即在于对城市管理的深度优化。随着城市化进程的加速，人口和产业等社会经济要素在城市区域持续集聚，城市治理所面临的挑战日益严峻。环境污染、交通拥堵、住房紧张、秩序紊乱等"城市病"问题不断涌现，激化了城市内部矛盾，同时也降低了城市居民的生活质量。面对新发展阶段的要求，管理者亟须寻求新型工具以提升城市系统的运行效率。其中，基于物联网的智能解决方案成为一条切实可行的路径，采用该方案的城市通常被称为智慧城市。早在2008年，国际商用机器公司便首次提出了"智慧地球"的概念，并将其视为一种新型的社会发展模式。智慧城市作为智慧地球战略在城市领域的延伸为城市治理提供了新的思路和方法。

智慧城市旨在优化城市管理，提升城市资源利用效率，并在与居民深入互动的基础上，提供更具适应性与可持续性的高品质社会公共服务，进而提升城市居民的生活质量。在智慧城市构建过程中，各类智能传感设备被广泛应用于公路、桥梁、建筑物、电网、大坝、供水管道等城市基础设施之中，实现实时捕捉城市通信、能源、交通等核心系统运行所产生的关键数据，全面监测城市系统的整体运行状况，为城市管理者提供详尽、可靠的城市信息数据。

通过城市物联网系统与互联网系统的深度融合，结合大数据、云计算、人工智能、超级计算机等先进数字信息处理技术，管理者能够对城市运行过程中产生的庞大数据资源进行系统整合与深入分析，提取有效信息，优化决策过程，形成科学、可行的城市治理策略。物联网技术的应用不仅改造了城市的传统基础设施，将其纳入城市物联网系统并实现智能化，还有效促进了城市各关键系统与使用者、管理者之间的高效协作，从而使城市系统的整体运行效率得到一定提升。

实证研究显示，智慧城市建设不仅显著增强了城市的规模效应和集聚效应，还有效缓解了因城市规模扩大带来的拥挤问题，并在很大程度上提升了管理者对城市环境问题的治理能力。

综上所述，物联网技术在城市治理领域的广泛应用，为我国城市实现高质量发展提供了强有力的支持。

（五）物联网促进生态环境保护

在生态环境保护这一领域，物联网技术的应用对环保事业的进步产生了深远影响。从现实角度来看，物联网技术已成为推动环境管理升级、提高环境保护智能化水平的重要手段。其中，智能环卫的诞生格外引人注目。通过部署污染监测传感器等尖端感知设备，结合红外探测、射频识别等物联网技术，我们能够实时收集环境质量、污染要素等关键数据，构建特定区域内全方位、多层次、全覆盖的生态环境监测网络。这一网络实现了对水体、空气、土壤、动植物等环境要素的系统性监测，确保从点到面的全面覆盖。同时，它能够迅速获取并传递环境质量、污染源、环境风险等方面的核心信息，为环保工作提供有力支持。

同时，通过构建环境数据监测处理中心和统一化的服务支持系统，我们在一定程度上提升了污染源监控、环境质量监测、监督执法、污染管制等环保业务的智能化水平。这一转变不仅推动了环保管理模式由事后处理为主向事前预防为主的转变，还实现了由粗放式监管向精细化监管的跨越。总之，这些努力共同促进了生态文明建设和环保事业的科学发展。

详细来看，基于物联网技术的智能环卫系统旨在通过环境质量监测、污染源自动监控以及资源节约与循环利用等手段，全面提升生态环境保护的智能化水平。

在环境质量监测领域，系统结合物联网和地理信息系统技术，实现对水源地环境、土壤污染状况以及城市空气质量的远程实时监控，并进行精准的数据采集和超标分析，进而评估区域内各类生态子系统的污染程度，协助环保人员及时遏制污染加剧的趋势。

在污染源自动监控方面，系统通过数采仪、传感器等物联网设备，对工业企业生产过程中产生的废水、废气、废渣等污染源实施实时监控，高效准确地掌握重点污染源的主要污染物数据以及污染治理设施的运行状态。在统一管理污染源监测数据的基础上，系统能够进行数据超标预警，及时发现并查处违法违规排污行为，从而显著提升环境监管效率，降低环境监管成本。

在资源节约与循环利用方面，智能环卫系统通过互联网平台，实时监测工业生产过程中的废弃物排放情况，并即时反馈相关信息，确保污染水平得到有效控制。同时，该系统还能对排放的废弃物进行深入分析，为专业人员和设施提供资源化和无害化处理的辅助支持，促进工业生产废弃物的循环再利用，进而形成资源节约、环境友好的低碳化生产模式。

（六）物联网促进人们生活质量提升

物联网技术的普及不仅在生产领域展现出广泛的应用价值，同时其价值也体现在人们的日常生活中。在人类的居住环境中，家庭环境的智能化转变对于提升居民生活质量具有重大意义。在这一过程中，各类物联网设备和技术扮演着举足轻重的角色。

智能家居作为物联网技术在社会民众日常生活中的重要应用，其以居民住宅环境为核心平台，集成了实时感应、无线通信、自动控制、计算机网络等多种技术手段。这些技术将社区供电与家庭内部的照明系统、音视频设备、温度控制系统、安防系统，以及电表、水表等抄送设施进行有效连接，通过无线遥控、语音识别等先进方式实现对家庭设备的远程操控和智能管理。

智能家居系统提供了照明控制、家电控制、环境监测、暖通控制、防盗报警等多种功能，并以网络化的形式实现了家庭与小区物业以及社会管理的双向互动。在保障节能、降低费用成本、增强居家安全性的同时，从舒适、便捷、安全、环保、高效等多个维度全面提升了居民家庭生活环境的质量，进而使居民的整体生活质量得到切实改善。

作为智能家居体系的核心构成部分，智能家电集成了智能感知、射频识别、无线通信等尖端技术，实现了自动检测、控制、调节以及远程控制等多重功能。在物联网环境中，智能家电能够基于室温、光照、湿度、污染物浓度等内外部环境参数及用户的日常习惯，通过智能控制系统实现最佳节能运行状态；非使用状态的电器设备可自动进入休眠或关闭模式，从而在降低能耗、保障使用体验的同时，提升居家环境的舒适度，并有效节约家庭能源支出。

通过与智能手机、智能手表等智能化设备的互联互通，用户能够利用物联网系统内的各类移动终端，对智能家电的运行状态进行实时远程监控与操作，进而构建出一个"横跨家庭与社会、贯通生活与工作、连接个体与家庭"的全方位家电生活新场景。

不仅如此，智能家居体系中的家庭安全防护系统具备高度的自动化功能，能够自主发现与防范非法入侵、火灾、煤气泄漏等潜在风险，并在异常情况下及时发出警报。对于外出工作的用户而言，还可借助智能手机实时了解家中儿童、老人的生活状态，有效预防安全事故的发生。

三、物联网促进经济高质量发展的关键路径

物联网是一个动态的概念，其具体内涵是随着相关技术的发展和应用创新的突破而不断变化的。在新发展阶段，在以大数据、人工智能、云计算等为代表的新一代数字信息技术革命持续推进的大背景下，为了更好地发挥物联网赋能经济高质量发展的功效，我国应进一步加快物联网新型基础设施建设，坚持完善和优化物联网产业发展的政策支持体系，以物联网为依托推动高质量现代化经济体系建设。

（一）加快推进物联网新型基础设施建设

随着社会经济数字化转型和产业智能升级的步伐加快，物联网已经成为我国新型基础设施的重要组成部分。基于物联网在促进国民经济高质量发展方面的强大作用和相关技术的更新换代，国家高度重视物联网新型基础设施的建设工作。当前我国致力于借助物联网技术打造全面感知、泛在连接、智能绿色、安全可靠的现代化基础设施体系，以物联网为引领，推动数字经济快速高质量发展，赋能传统产业转型升级并培育新经济增长点，有力支撑制造强国、信息强国建设。在新发展阶段，我国应从以下几个方面推进物联网新型基础设施建设。

其一，在推动物联网技术发展的进程中，首要任务在于掌握核心技术，通过融合协同创新来驱动物联网技术的升级。

聚焦于物联网新型基础设施建设的核心环节，我们需着力突破新型短距离通信、智能感知、高精度定位等关键技术瓶颈，并弥补我国在高端传感器、智能芯片等领域的产业不足。同时，应充分借助新一代网络通信系统的优势，提升物联

网信息传递的效率,并拓展物联网设备和技术在各类基础设施领域的广泛应用。此外,借助大数据技术,我们能显著增强物联网系统对海量基础设施数据信息的感知和处理能力,深入挖掘社会生产生活中产生的数据价值。进一步,借助人工智能技术,我们能提升物联网基础设施的智能化水平,以提供更加丰富的智能化基础设施服务。为加速物联网科技成果转化为经济效益,我们鼓励物联网技术企业、相关科研院所、高校之间建立长期稳定的合作关系,共同构建物联网技术孵化创新中心。

其二,在社会经济发展的新形势下,我们应以社会治理现代化需求、产业转型需求、消费升级需求、社会经济发展需求为导向,引领和推进物联网新型基础设施建设。

首先,应当基于社会治理现代化需求,拓展物联网新型基础设施在市政、交通、能源、公共卫生等领域的应用场景,从而提升地方政府公共服务和社会治理的效率与质量。其次,为满足产业转型的需求,我们需推动物联网新型基础设施与农业、制造业、运输业等传统产业的深度融合,为其提质增效注入新的动力。再次,以消费升级需求为指引,我们应借助物联网新型基础设施的大规模建设,广泛推广和普及智能家居、智能健康等新兴领域的产品与服务,丰富居民的数字化生活体验。最后,以社会经济发展需求为引领,我们需培育一批具备强大资源整合能力的物联网领军企业,吸引各类社会资源向物联网产业集聚,为感知终端、智能网络等新型物联网基础设施的规模化部署提供坚实的创新链、产业链和资金链支持。

其三,通过物联网技术的深入应用,对城乡传统基础设施进行改造升级,以加快智慧城市和数字乡村的建设步伐。

在城市地区,重点推动智能化新型基础设施建设,包括智慧道路、智慧灯杆等各类物联网终端设施的规模化部署与应用。这将构建覆盖城市全域的感知数据信息平台,实现对城市运行所产生的海量数据的统一处理与分析,进而提升城市系统的整体运行效率和公共服务能力。

在农村地区,重视利用物联网技术助力农村地区的公路、电网等基础设施实现智能化转型。通过在农村地区大规模部署信息感知、数据采集等物联网传感设备,我们将搭建起农业农村监测网络系统,以提升农村地区在生产作业、社会管理、灾害应急等领域的数字化、智能化水平，从而使乡村治理能力得到切实提升。

（二）完善和优化物联网产业发展的政策支持体系

第一，完善和优化物联网产业标准体系。

标准的形成是产业发展过程中经验和知识积累的体现，物联网产业的标准化工作是推动我国物联网技术大规模应用于生产生活的重要基础。

在新发展阶段，我国应深入分析物联网系统各基本要素间的相互关系，结合我国国情和现有的国际物联网标准体系，从推动我国物联网技术应用和发展的角度出发，通过政府引导、专家指导完善优化物联网技术标准、应用标准和行业标准，并积极鼓励和吸纳有物联网应用需求的企业和专家团队参与标准制定工作，最终形成以物联网专业技术标准与行业应用标准紧密结合为特征的完整成熟的产业标准体系。

第二，完善和优化物联网产业人才培育体系。

由于集合了微电子、传感射频、网络通信、智能计算等专业领域，物联网产业的人才需求范围极其广泛，人才资源可以说是物联网产业所依赖的第一资源。

在新发展阶段，我国应鼓励更多高等院校开设物联网专业课程，为相关专业的学生讲解传感器、射频识别、无线通信、信息安全等物联网技术知识，引导更多青年学子在毕业后主动投身于物联网建设事业。此外，我国应鼓励更多社会职业培训机构开展以培养物联网专业级人才为目标的实训项目，为物联网行业持续提供高水平的应用复合型人才，缓解人才市场供需矛盾。

第三，完善和优化物联网公共支撑服务体系。

物联网领域的技术研发和行业应用离不开各类公共服务的支持，以政府为代表的公共部门通常需要为物联网产业链上的企业提供包括测试认证、产权维护、信息咨询等在内的各类公共服务。

在新发展阶段，我国应加快物联网产业公共服务平台建设，融合管理系统和以大数据、云计算等为代表的新一代数字信息技术，汇集技术、资金、人才等物联网公共服务资源，形成一个覆盖国家与地方各级且具有高度产业适应性和地区适应性的国家级物联网产业公共服务平台，为我国物联网产业的有效健康发展构筑高效智能的公共服务环境。

第三节　区块链促进经济高质量发展的机制与路径

进入 21 世纪以来，全球科技创新进入爆发期，以区块链为代表的一系列信息科技加速发展，逐渐延伸到金融、数字、物流等诸多领域。在此背景下，区块链技术成为全球科技竞争的高地，加速创新发展区块链技术成为所有国家共同的目标与方向。在我国的发展过程中，区块链技术与我国的实体经济发展有着密切联系，有助于促进我国产业的创新升级、提升生产效率。区块链的发展契合创新、协调、绿色、开放、共享的新发展理念，为我国经济和其他领域的高质量发展提供了新的路径。中国政府从 2013 年开始关注并出台有关密码货币与区块链相关政策，对区块链技术发展给予大力支持，区块链在中国市场的地位渐渐上升，应用领域也逐渐扩大。在信息化高速发展的今天，区块链对中国经济的影响更加突出。

当前信息技术高速发展，区块链技术也在逐渐完善，这为中国经济发展过程中的信息不完全、数据不充分等问题提供了解决方法。区块链技术作为一种底层技术，本质上是一个去中心化的数据库，该数据库通过网络等方式搜集了较为完整的数据信息，为经济的发展提供数据支撑。除此之外，借助区块链技术，能更加有效地配置资源，对于政府作出新的经济决策也有帮助。

一、区块链对经济高质量发展的影响

学者对于区块链的发展及其对经济的影响展开了大量的研究，目前已有许多文献。在此从以下三方面讨论区块链对我国经济的影响。

（一）区块链对数字经济发展的影响

在现今数字化时代的背景下，人们对数字经济这一经济形式的关注较多。在全球都加速发展区块链技术的形势下，部分学者对于区块链如何促进数字经济的发展展开了研究，就数字经济发展过程中的资源共享不充分等问题，构建了区块链技术与数字经济结合的架构，通过分析区块链促进数字经济的发展机制，提出优化产业布局等建议，以促进数字经济快速发展。有的学者提出数字经济需要数字化，进而提出区块链改革需遵照"顶层设计、经济激励、技术适用、产业赋能"的思路进行链改，以促进区块链和数字经济的未来发展。

（二）区块链对实体经济的影响

实体经济是国民经济的基石，发展和壮大实体经济是我国的国策，借助区块链技术，我国的实体经济得以高效高质量发展。关于如何通过区块链技术加快实体经济的发展，有关学者构建了"区块链+"的形式并分析出区块链是推动绿色发展的新路径，应推进区块链与实体经济深度融合，创新产业形式，助推实体经济高质量发展。他们认为应以区块链技术作为新载体，促进各行业经济的发展。还有学者认为区块链技术尽管实现了"革命式"的技术突破，但在实际的应用过程中仍有一些问题与挑战，故应该加强对区块链技术的创新，加快基础建设，助推我国经济的高速发展。他们指出了一些不利于区块链与实体经济深度融合发展的制约因素，建议从政策、主体、技术、人才四个方面出发，推进区块链技术与我国实体经济的融合，从而实现经济高质量发展的目标。

（三）区块链对其他经济形式的影响

在如今的时代背景下，经济发展形式除上文提到的数字经济和实体经济以外，还有共享经济、循环经济、合作经济等，一些学者同样基于区块链的发展，分析了区块链对共享经济、合作经济的影响机制。他们提出区块链技术是对共享经济模式的重大创新，带动互联网由信息互联网向价值互联网转变，让基于价值的共享经济模式能够创新技术、提高信用和降低成本；并基于大数据技术下共享经济的发展瓶颈，从区块链系统的运行机理出发，分析了区块链技术应用于共享经济的优势，构建了区块链技术与共享经济的融合模型并展示了融合后的运行过程；最后对其发展前景进行了展望。还有学者基于产业融合理论，构建了"大数据+区块链"模型，认为区块链技术加密共享、分布式账本等特征与大数据形成了互补，为共享经济的发展提供了新思路，创造了新的发展机遇。他们融合产业共生理论和合作经济理论，对区块链技术嵌入生产、供销、信用"三位一体"的经济效应进行了分析，提出借助区块链技术可以实现收益增量，为我国的经济建设提供了实践路径。

自"区块链"一词提出以后，区块链技术的发展过程迅速，与经济市场的融合也达到了一定的高度，区块链从一定程度上促进了我国经济高质量发展。但现有文献在关于区块链影响经济发展的机制上并未作详细阐述，缺乏区块链与其他信息技术对经济影响的比较，数据信息不充分，相关模型较为单一，政策建议的可行性较低。

二、区块链促进经济高质量发展的理论机制

区块链是一种利用分布式存储、加密计算等计算机技术的架构和计算方式的技术，具有去中心化、不可篡改、透明开放等特征，其独特的技术特性也为实体经济的发展提供了新的思路。通过创新区块链技术并将其与金融领域结合，可促进产业转型升级，加快我国实体经济的发展。同时，区块链技术还因其特殊的数据加工和存储方式，推进了经济领域的数字化、信息化发展，促进了数据共享，推动了经济高质量发展。

（一）带动实体经济的生产效率提升

实体经济是国民经济的基石，把握和发展实体经济是我国经济发展的主要着力点。目前在我国实体经济的发展过程中，成本的不断提高阻碍了我国产业的生产，传统的生产模式已经不能满足当今社会条件下的产品生产与销售，促进产业转型升级以及推进战略性新兴产业的发展成为重中之重。区块链技术可带动实体经济的生产效率提升，降低经济成本，推动经济高质量发展。第一，区块链技术的发展为促进产业创新升级提供了新方法。通过区块链技术去中心化模式的纵横协同效应，可对产业链中的各个环节实时同步、扁平化管理，促进产业生产效率的提高；同时，可借助区块链透明开放的特性，打通时差壁垒，实现产品信息的同步接收，降低风险和运营成本，并优化各个环节中的资源配置，推进产业链的高效发展。第二，区块链产业的初步形成，也有望提升实体经济的经济效率。随着区块链技术的逐步完善，区块链的应用领域进一步扩大。可结合"互联网+"的模式进行"区块链+"的融合发展，将其与实体经济如医疗、物流等领域相结合，形成区块链产业链条，以区块链技术的数据作为支撑，提供信息，推动新兴产业生产效率的提高。

（二）为实体经济绿色发展提供了新路径

在全球气候变暖的背景下，绿色工业革命兴起，如何促进经济的绿色发展成为一个热点话题。区块链的发展契合我国提出的绿色发展理念，区块链技术的发

第四章　数字经济促进经济高质量发展的机制与路径

展为我国经济的绿色发展提供了新的路径。

第一，区块链技术的发展创新了企业融资方式，实现了绿色融资。在供应链的运行过程中，资金流是其运行的主流之一，这对于企业来说，主要表现为如何进行融资。传统的融资方法不仅具有风险，而且对我国经济的绿色发展并没有太大的作用。通过运用区块链技术进行融资，一方面，区块链技术以其强大的去中心化、分布式存储等特性，解决了数据集中处理困难的问题，并避免了人为因素的控制，创造了更高的信用价值，降低了融资成本，让企业的融资更加可靠并吸引更多投资者的加入；另一方面，运用区块链技术建立绿色融资平台，为可再生能源、绿色农业等进行融资，可促进这些产业的可持续发展。

第二，区块链技术为我国碳金融的发展提供了路径。碳排放是导致全球气候变暖的主要因素之一，为减少碳的排放，我国提出了碳达峰、碳中和的"双碳"目标，旨在遵循绿色发展目标，实现经济的可持续发展。首先，借助区块链技术的智能合约机制，在控制碳排放的程序中加入能够自动履行的合约，一旦约定的条件得到满足，系统将自动实施强制交付，以此来约束各产业对于碳的排放。其次，通过去中心化的区块链记账系统实现碳排放的补偿措施，利用区块链公开透明的特性，实时监控各生产部门的碳排放量，对过量排放碳的部门实施罚款，并及时做好应对气候变化的措施。最后，利用区块链高隐私、低门槛的特性，构建碳交易平台，保证碳资源的有效利用和合理分配。

（三）促进社会主义市场经济体制的市场化、法治化和国际化

改革开放之后，我国建立了社会主义市场经济体制，通过进行市场化、法治化和国际化建设，促进了我国经济高质量发展，区块链技术的产生与发展则为经济高质量发展提供了技术保障。区块链技术作为一种底层技术，不仅为各领域提供了数据支撑，也促进了更多领域进入市场，形成多样的市场经济形式，如数字经济、共享经济、循环经济等；区块链的共识机制、智能合约机制等核心技术，为国家和政府的监管提供了便利，促进了市场经济法治化建设；在经济全球化的背景下，区块链为国内企业与他国的贸易提供了路径，促进我国经济走向国际化。

对于区块链技术如何促进我国社会主义市场经济体制的市场化建设主要有两个方面。一方面，区块链在我国多个行业领域的应用落地促进了我国经济的市场

化进程。如在农业领域，区块链与物联网等新一代信息技术结合，将农业产业链映射进一个基于区块链和大数据的网络世界，数据形态的生产要素影响和改变了农业生产中的生产力与生产关系；在共享经济领域，区块链将社会各种可用资源进行分类整理，根据不同领域分配不同的资源，优化了共享资源的配置，减少闲置资源的维护资本，降低了成本，而且区块链还以闲置计算以及微信支付作为共享经济的技术前提，拓展我国经济发展的广度与深度，促进服务业的发展，提高了人们的生活水平。另一方面，区块链促进了我国市场经济的创新性发展。在以实体经济作为我国经济发展基石的同时，随着时代的进步与信息技术的飞速发展，数字经济等形式出现在我国的经济市场中，而区块链以其强大的技术优势，通过提供数据，进行数据的计算、存证、开放等，促进数字经济与我国社会的融合，推动数字化创新方式的发展，贯彻新发展理念，为推动我国经济高质量发展提供数据支撑。同时，区块链也为新兴产业的发展提供了有力的战略支撑，促进了我国产业由传统形式向数字化转型，为我国社会主义市场经济体制的市场化建设提供了动力。

社会主义市场经济本质上是法治经济，必须以保护产权、维护契约、统一市场、平等交换、公平竞争、有效监管为基本导向，要完善社会主义市场经济法律制度，为市场主体活动提供公正、稳定、可预期的法治环境。而为促进社会主义市场经济体制的法治化建设，可基于区块链的分布式共识机制、密码学应用技术和匿名交易技术等，对经济发展过程中的基础设施、网络系统运行维护以及信用环境的建设进行改进，为政府数字化治理和监管经济环境提供思路。同时，区块链技术作为一种分布式数据库，将信息存储于不同的模块当中，每个区块单独起作用，对数据进行加密，使信息不易被读取和篡改，也解决了保护企业产权等问题。另外，区块链与我国法律的融合也有助于促进社会主义市场经济体制的法治化建设。如区块链与我国司法进行融合，建立"人民法院司法区块链统一平台"，可实现电子数据的共识性、真实性与完整性，解决诉讼过程中存证、取证、认证、鉴证的难题，强化最高法的顶层设计，保证市场经济的公平与清廉。

区块链技术的国际性，要求我国在发展区块链产业时必须进行国际交流与合作，与他国共同发展与完善区块链产业链，而且在经济全球化的进程中，一个国家不可能不与他国进行交流与贸易，因此，借助区块链技术促进我国社会主义市场经济的国际化建设值得重视。其一，区块链技术可以收集全球数据信息，以高效率、低成本促进金融行业的发展，并以强大的网络运行系统，促进国际交易的快速实现并提高资金清算的效率；其二，区块链数据的完整性可以充分展现一个国家的优势，促进国际分工的形成，让更多国家加入区块链的建设中，通过相互学习与借鉴，逐步完善国家的区块链技术；其三，区块链以其去中心化、公开透明、不易被篡改、高包容性、匿名性等特征在国际贸易中占据重要地位，可以降低国际贸易的时间与费用，并对货物的移动进行实时监控，改进了全球供应链的监管，提高了贸易的效率。以上都说明借助区块链技术可加强国际交流合作，促进我国经济的国际化建设，助推我国社会主义市场经济的高质量发展。

三、区块链促进经济高质量发展的路径

（一）完善区块链产业布局，深度融合各种经济形式

自我国引入区块链技术之后，就一直致力于发展完善区块链技术，并将其与其他技术结合，从而带来更大的经济效益。到目前为止，区块链已经应用于数字金融、智能制造、物流、医疗等多个领域，发挥着至关重要的作用。目前我国的区块链产业链条仍需进一步完善，要对区块链产业布局上游的底层技术及基础设施、中游的技术拓展平台及服务以及下游的区块链应用逐一击破，通过建立完备的区块链产业链促进我国经济的高质量发展。

对于区块链的底层技术和技术拓展平台而言，主要是加强创新，推动区块链的发展；对于区块链应用而言，则需要运用区块链的基础设施层、协议层和扩展层的技术，与各个领域相结合，促进经济的发展。其一，将区块链技术应用于生产性服务业的创新中，提高我国实体经济的生产效率。其二，区块链作为一个数据库，为我国经济的发展提供了强有力的数据支撑。在数字经济发展的进程中，数据成为重要生产力，通过完善区块链的分布式账本、非对称加密等技术，可解决数字经济发展过程中产生的数字缺失等问题，促进数字经济健康稳定发展。其三，发挥并完善区块链技术的开放透明特性，将其"降本增效"的价值应用于共享经济中，提升信用，减少闲置资源的浪费，促进经济的高质量发展。

（二）加强区块链核心技术创新

在全球经济复苏和经济一体化的进程中，区块链技术起着越来越重要的作用。而在我国，区块链技术的起步较晚，至今仍处于发展的初级阶段，其关键的核心技术创新不足，无法在促进我国产业的创新升级中发挥最大效用。为促进我国产业转型升级和经济的发展，需要把区块链技术作为自主创新的突破口，重视区块链的发展工作。首先，坚持国家创新驱动发展战略，推进创新型国家建设，促进经济的高质量发展。把区块链作为我国自主创新的关键技术，践行新发展理念，借助区块链技术的独特性，推动我国经济的高质量发展。其次，突破区块链核心技术，将区块链与大数据、云计算、物联网等其他信息技术结合。一方面，安全问题是使用区块链技术必须考虑的因素之一，而目前我国区块链技术发展的各个层面都存在一定的安全缺陷，降低了我国金融市场和数据信息的可靠性，阻碍了经济的进一步发展，因而需要创新并完善区块链的共识机制、隐私保护、智能合约等技术。在当今信息网络公开的环境下，保护个人和企业的隐私尤为重要。另一方面，在数字化、信息化时代，将区块链与大数据、物联网、云计算等技术深度融合，集成创新，可优化资源配置，为经济的高质量发展提供有力的数据支撑和技术基础。最后，将区块链技术与不同领域融合，促进产业转型升级。区块链作为一种底层技术，应用于数字货币领域，可为数字内需提供支持，要借助区块链技术满足企业的数字化、信息化技术需求，使其与制造业融合发展，促进制造型产业向数字化转型。另外，借助"区块链+"形式，将其与医疗、互联网、共享等领域融合，可促进各个领域向信息化转型，推进我国实体经济的高质量发展。如"区块链+能源"。能源短缺及其配置过程中的浪费问题一直是我国面临的挑战，通过区块链技术的数据共享，可清晰地了解能源的使用情况，优化我国的能源配置，也可为能源建立一个区块链监管平台，推进绿色能源的应用，为我国的可持续发展作出贡献，促进我国经济市场的绿色发展，推动产业应用能源向清洁能源方向升级。

（三）完善政府政策设计及法律监管制度

区块链市场的健康发展离不开政府政策的支持和国家法律制度的监管，为使区块链技术在促进我国经济的高质量发展中取得最大效用，应对政府政策加以设计、完善监管体系。一方面，结合我国经济的发展状况和区块链的技术特性，对政府政策进行具体设计与施行。如区块链的去中心化与我国实体经济的融合，需要创新制度，实行"链改"，多措并举，以多元管理主体来监管区块链技术的发展。另一方面，借鉴国外对区块链的治理来完善我国的治理体系。如日本对区块链监管的重点在于对虚拟货币登记监管、虚拟货币交易平台行为及其责任的监管、虚拟交易平台的资金监管等；美国则通过联邦立法和州立法，建立一系列监管委员会和监管政策来进行区块链技术的法律监管。

（四）加强复合型人才培养

人才是创新发展的第一资源，在区块链促进我国经济高质量发展的进程中，人才的培育是必不可少的。不仅要培养区块链技术创新型人才、对区块链技术进行监管的人才，还要培养区块链与其他领域相结合的复合型人才。第一，坚持科教兴国和人才强国战略，加强人才队伍建设，打造高层次的人才培养平台。促进学校与企业合作，引技术人才到高等学府进行区块链课程讲授。同时，政府应加大资金投入，实施并开展区块链实践教学活动，让学生切身感受区块链对于我国经济高质量发展的促进作用。第二，对政府工作人员开展区块链相关技术培训，培养区块链监管型人才，对区块链在经济发展中的应用进行监管，从而促进区块链技术在经济市场的健康发展。第三，通过优惠政策吸引一些复合型人才落户中国，并鼓励其培养本土人才，加快形成本国复合型人才队伍。

第四节 平台经济促进经济高质量发展的机制与路径

党的二十大报告指出，高质量发展是全面建设社会主义现代化国家的首要任务。发展是党执政兴国的第一要务。平台经济作为数字经济的主流模式和生产力新的组织方式，正在通过构建一个网络空间、物理空间和社会空间"三维一体"的互动智能系统，以创新发展理念变革生产模式，以协调、共享、开放发展理念优化资源交换和分配方式，以绿色发展理念驱动消费升级，贯通经济循环，为中国经济的高质量发展注入新动能。因此，在准确把握当前中国平台经济发展特征的前提下，厘清平台经济促进经济高质量发展的机制与路径，并据此完善政策设计，最大限度地发挥平台经济对经济高质量发展的赋能作用，是当前迫切需要研究的议题。

一、平台经济的时代内涵与发展特征

（一）平台经济的时代内涵

平台经济是一种基于数字技术，由数据驱动、平台支撑、网络协同的经济活动单元构成的新经济系统，是基于数字平台的各种经济关系的总称。随着新一代互联网数字技术的飞速发展，越来越多传统产业与产业组织活动被纳入平台运算逻辑，平台经济的时代内涵及要义不断拓展。

"平台经济"有三点要素：其一，存在两组或多组顾客；其二，不同顾客间存在网络效应；其三，需要中介参与。国内主流经济学界多将平台经济视为一种新的经济模式或资源配置新方式，以产业理论为基础，从市场结构、绩效、定价等视角对平台经济的特征、业务模式、竞争模式和定价等进行研究。概括来说，平台经济的本质特点表现为以下三方面。

第一，平台经济具有双边或多边市场特征。平台企业一边面对消费者，一边面对商家。区别于传统单边市场主要针对具有同质化需求的一类客户群体的特征，平台经济主要利用双边市场效应和平台的集群效应，通过满足需求多样化的双边用户，使参与各方受益，达到平台价值、客户价值和服务价值最大化的效果。

第二，平台经济具有增值性。平台是不同要素数字化的组织形式，平台经济是在数字化基础上，将数据作为生产要素或将有价值的资产进行数字化链接以进行重新配置的一种新经济模式。随着平台用户数据要素的积累和关联，平台的合作伙伴越多，其所创造和提供的服务越多，平台的价值就会越高。

第三，平台经济具有规模经济特征和网络外部性。数字技术体系使得不同地域和部门中具有相似逻辑的经济活动都集中到同一数字平台上进行。这意味着原来分散的经济组织被平台的数字化管理和经营取代，用户数量的增加会直接摊薄平台初始投入成本，发挥规模经济效应，甚至在数据要素效率提升和价值创造的帮助下出现边际报酬递增情形。另外，网络外部性，即平台上消费者的产品/服务效用与消费者规模成正比，会进一步强化规模经济，出现赢者占据所有好处的情况，而弱者只能瓜分残羹或在平台竞争中被淘汰。

（二）中国平台经济的发展特征

1. 平台经济规模庞大，增速较快

平台经济作为一种新型的商业模式，已经展现出了其巨大的经济规模和强劲的增长势头。这种经济模式依托于互联网技术，通过搭建开放性的交易平台，将供给方和需求方连接起来，从而实现商品和服务的交易。其规模之大，覆盖了各个行业和领域，从电商到金融，从出行到餐饮，几乎无所不包。而且，这种经济的增长速度也是令人瞩目的，为整个经济体系注入了新的活力。这种快速的增长，不仅为参与者带来了丰厚的利润，也为社会创造了大量的就业机会，成为推动经济发展的重要力量。

2. 平台经济活力强劲，市场集中格局明显

当前，中国各领域的平台经济展现出强大活力。在数量上，中国电子商务平台具有绝对优势。在线教育、金融科技、数字媒体、本地生活、物流等领域平台数量相当，均超过20家。平台经济较强的网络效应和规模效应使得平台间竞争的"马太效应"凸显，用户和数据资源加速向少数头部平台集中，头部企业规模庞大，且发展速度较快，各细分领域集中化和垄断现象极为普遍，市场格局高度集中。

3. 平台经济发展不充分、不平衡

虽然中美两国的大型数字平台价值规模占据了全球总量的绝大多数，但是相比于美国，中国的平台经济发展仍存在发展不平衡、不充分等问题。从总体市值和规模上来看，中国大型数字平台的价值总额与美国差距较大，中国头部企业规模较小，市值较低。

从细分领域来看，在消费互联网平台发展方面，中国消费互联网平台的所有上市龙头企业，包括腾讯、阿里巴巴、美团、京东、拼多多、百度、快手的加总市值低于亚马逊的市值。而且，随着互联网流量红利的趋微、用户增速的放缓、市场的逐渐饱和，平台企业的获客成本也在不断增加。在产业互联网平台发展方面，中国产业互联网起步较晚，专业化产业互联网公司同样具有规模小、发展滞后、应用场景分布不平衡等特征。在应用场景方面，当前国内外的产业互联网主

要聚焦设备管理服务、生产过程管控、企业运营管理以及资源配置协同四个方面，其他领域的应用发展则相对欠缺。产业互联网的兴起使得数字平台赋能传统制造业潜能得以进一步释放，但相比于美国，中国产业互联网平台企业的技术创新能力和全球竞争力仍较低，产业数字经济渗透率也相对较低。

二、平台经济促进经济高质量发展的机制

平台经济对经济高质量发展的影响是多维复合的，这里基于异质性企业理论框架构建平台经济对中国经济高质量发展影响的概念模型，并将企业创新行为纳入一般均衡框架，分别从"生产、分配、交换、消费"四个环节揭示平台经济影响经济高质量发展的作用机制。

（一）生产模式革新效应

第一，平台经济会驱动企业进行持续性创新，以获得和巩固市场竞争优势。平台可以通过对产业资源、市场资源的一系列整合，为企业提供广阔的发展空间。例如，平台上生产和提供相似产品与服务的企业能够在相互兼容、补充和依赖的基础上，形成庞大的平台生态系统，增加用户黏性。因此，为了在提供相似产品和服务的多家企业中拔得头筹，获得更多平台用户，平台企业就会主动加强技术、产品、服务与品牌宣传推广等多方面的创新，以实现平台的高附加值和高成长性。平台企业的这一特征将在一定程度上带动整个产业的发展，甚至引发生产端产业链供应链的创新发展。

第二，平台经济会引领新兴经济增长，加快传统产业与新兴产业的融合发展。平台经济属于服务业范畴，是创造和集聚价值的重要桥梁。实际上，各类服务业的价值链或价值网络里都存在着搭建平台的机会。平台一旦建立，就能够吸引各类资源的加入，发挥平台集聚效应，推动整个产业的资源向平台倾斜，并创造出巨大的价值。平台经济的迅速崛起，不仅让各类新概念、新产业、新业态、新模式层出不穷，还会彻底改变商业模式和经济形态，让生产模式和价值创造发生颠覆性变革。例如，在平台经济时代，企业已经不像过去那样完全依据市场信号确定产品的生产数量和价格，而是通过平台所产生的大数据实现与消费者的直接对接，形成个性化定制对规模化生产或服务的替代。

（二）资源配置优化效应

一方面，平台经济能够降低搜寻成本，通过精准化地匹配供给与需求，实现要素资源的配置优化。平台作为双方或多方经济主体直接交易、互动的空间，在市场需求日益个性化、复杂化、动态化的背景下，凭借"数据＋算法"的驱动，能够精准实现供需双方的"智能决策"，从而高效应对市场变化。平台技术运算能力的提升以及运营时间的开放性和灵活性，在为"有车一族"提供利用碎片化时间赚取额外收入机会的同时，也帮助乘客和平台司机实现了更为精准的实时匹配与点对点对接，大幅降低了出租车空载率，减少了劳动力市场中工作搜寻与匹配的交易成本，实现了劳动力资源的高效配置。平台通过将行为主体的供给与需求信息变为数字形式，基于互联网的技术特征和强大算法体系实现劳动、资本等要素资源的最优匹配，大幅缓解传统行业"痛点"，让企业的资源配置效率得以提高。

另一方面，平台经济能够减少信息不对称，通过数字化的网络利益协调，弱化市场扭曲，提高资源配置效率。平台是一个高度开放且资源一体化的系统，其内部实现了市场化运作。基于弱耦合关系，同类价值模块间在竞争中寻求合作，促使优质价值模块持续涌现，而劣质价值模块则逐渐被淘汰，确保了系统始终处于动态优化的状态。通过精细地协同整合各类独立发展、自成一体的价值模块，平台经济打破了传统经济背景下资源配置的时间和空间壁垒，让当事人可以根据自身的需求在各互补性价值板块中自由交互、组合，利用网络来协调利益关系。例如，安卓平台的成功之处就在于其开放的系统架构，这不仅赋予客户免费使用与修改系统的自由，还极大地推动了手机价格的亲民化，同时，可修改的灵活性使得手机制造商能够打造出独具匠心的定制化产品。从更深层次看，安卓平台做到了通过网络协调各方利益关系，进而促使要素资源得到高效、合理的配置。

（三）交换模式改进效应

一方面，平台经济会通过信息传递去"中间化"改进交换模式。区别于以往需要经过一系列"中间商"才能被企业感知的低效率传播和交换模式，平台经济这一新型产业形态的出现改变了传统的生产与分销组织形态，为供需双方提供了一个点对点的商品流通和交易通道。平台通过直接对接生产者和消费者，实现了价值链从企业到消费者向消费者到企业形式的"逆转"，进而最大化地去除冗余环节，改进交易模式，使商品生产过程内部的生产资料交换速度和独立于生产过程之外的消费品交换速度更快，信息传递速度和准确程度也更高。事实上，汇集在平台的需求者和供给者数量越多，网络节点越多，交换形成的概率越大，交易数量越多，交换频率也会越高。

另一方面，平台经济会通过价值创造去"中心化"提升交换效率。不同于以往企业经营边界有限、价值主体单一的价值创造模式，平台利用高效的信息传递压缩了时空距离，使各部门间的经济活动边界性不断弱化。其开放式、无边界的发展会通过直接链接和共享各类社会资源，实现价值共创。在各部门间联动边际成本递减、"多对多""多对一"的价值创造模式下，参与者将从平台经济中获取几何式增长的收益，平台的价值创造过程加速，全社会的生产、服务、交易速度加快，平台服务范围进一步拓展。

（四）市场消费创造效应

平台经济降低了消费者搜寻成本，会激发消费者对多样化产品和服务的需求。与传统的实体零售商相比，平台经济可以通过线上连接线下服务商和消费者，最大限度地减少地理位置限制，为消费者的多样化选择提供便利。例如，购物平台对相关消费产品和服务的分类，以及其所提供的强大搜索功能、个性化推荐工具和协作过滤工具，能够降低消费者的搜索成本，使本地化服务资源相对于需求变得富足。更重要的是，借由平台增加的新服务和新业态可为消费者带来巨大的福利。一方面，平台上商家的规模经济和范围经济会使得单位产品价格下降，为消费者带来福利。另一方面，更多消费者在平台集聚，消费者的规模经济和范围经济又促进更多的商家集聚。平台产品和服务种类的增加会致使供应商之间的竞争加剧，使得价格降低，并促使服务种类更丰富，激发消费者需求。

平台经济不仅彻底改变了我们的消费方式，而且孕育出了一系列创新的消费模式，包括绿色消费、服务消费等，它们都具有巨大的发展潜力和市场空间。在这个经济模式中，新兴的交流和交易方式正在成为推动社会发展和生活方式变革的强大动力。例如，微博、微信等新型社交网络平台的出现和发展，使得人与人之间的交流变得更加频繁和便捷，它们已经成为我们日常生活中不可或缺的一部分。淘宝、京东等电子商务平台的兴起改变了我们的购物习惯，让我们的消费变得更加方便和快捷。而支付宝等第三方支付平台以及网络银行的普及，更是为我们的日常生活带来了极大的便利。特别是随着互联网从以信息为中心转变为以人为中心，社交网络平台、人际交往平台等新兴平台将现实生活中的关系搬到了互联网上，使得人与人之间的交流变得更加迅速和便捷。这种变革将会直接影响到我们的消费模式，使得信息消费得到迅猛的发展，同时也使得基于信息交换的商务活动、交易活动等成为未来经济活动的主要组成部分。以数字平台为基础的交换活动，其消费模式不仅催生了如蚂蚁森林等公众消费行为碳账户，还通过"互联网+全民义务植树"倡议及鼓励线下消费采用环保消费袋等实际行动，有效激励和引导公众形成绿色消费习惯，为环保事业贡献力量。

三、平台经济促进经济高质量发展的路径选择

平台经济作为一种资源配置的新兴模式，其核心在于利用现代网络数字技术，实现比传统方式更有效率、更精准的资源配置。这种模式不仅为平台经济利益的相关方带来了更大的价值创造空间，还在整体上推动了经济效率的提升和社会福利水平的增进，进而催生了数字红利。要使平台经济赋能经济高质量发展，应从以下几个方面着手。

（一）加强底层关键技术创新能力，提升平台经济核心竞争力

任何类型的平台或平台经济都是建立在数据技术发展的基础之上的。平台经济的出现与发展与现代网络数字技术迅速发展密不可分。这些技术包括芯片技术、高速移动互联网、算法语言、云计算和人工智能等。其中，芯片技术发展推动的智能手机普及是平台经济发展的重要技术条件，高速移动互联网产生的海量数据是平台经济顺利运转的关键要素，算法语言的专业化使用是平台经济资源配置的技术核心，云计算服务形成的"云存储"为平台经济提供了近乎无限的"虚拟数据库存"，人工智能解决了人为主观性分析经济行为及经济现象的判断偏差。但遗憾的是，由于我国平台企业发展时间较短，平台经济赖以生存和发展的核心技术研发、创新人才储备、关键技术创新体系均存在严重不足。因此，提升平台核

心竞争力，发挥平台经济对经济高质量发展的推动作用，应从以下几方面着手。

第一，坚定不移地鼓励平台企业创新。核心技术是企业长远发展的稳固基石，特别是在技术密集、知识密集的平台经济领域中。因此，我们必须坚定不移地鼓励平台企业投身于研发领域，积极培育一批在核心技术领域具备创新引领能力的平台企业。一方面，通过全面落实和实施研发政策，如高新技术企业税收优惠、企业研发费用税前加计扣除等，提高企业数字技术创新积极性。另一方面，加快构建多元化的金融支撑体系，如设立数字技术创新基金等，支持平台企业创新产品和研发运营方案。

第二，提高平台经济发展底层技术研发经费投入强度。一方面加强前沿科技的研发，实施以高精尖为导向的重大科技攻关专项，强化新一代集成电路、高性能磁性材料、高精度传感器等科技攻关。建设天地一体化信息网络、光网络、量子网络国家重点实验室，着力突破高端芯片、类脑计算、量子通信、视觉识别、移动边缘计算等关键技术。另一方面制定和推广技术标准，通过增强对本土特色的技术标准研发力度，实现对接国际技术标准和切实服务于我国平台经济创新发展的需要，从而保持我国平台经济商业模式、产品以及市场在全球的影响力，最终提升平台经济创新的核心竞争力。

第三，加强新型数字基础设施建设，支持平台技术创新。新型数字基础设施决定了平台技术创新发展的进程，是平台经济发展过程中最重要的影响因素。一方面，相关平台技术的创新会通过扩大平台经济创新的新型数字基础设施建设投入，增加财政支持新型数字基础设施建设的资金投入规模，优化财政支持新型数字基础设施建设的资金结构，从而更大力度和更大规模地建设科学与管理工程类科技创新基地、平台技术创新与成果转化类科技创新基地、条件保障类科技创新基地。另一方面，平台技术创新加强开放合作，通过与国际国内科技创新企业合作，提高平台企业对科技创新技术的吸收、转移转化能力，增强平台企业基本创新能力。

第四，深化企业与高校在人才培养方面的合作，为平台企业注入智慧和活力。鉴于平台经济时代企业在数字化技术方面的大规模投入及其组织变革的迫切需求，我们的教育体系必须同步进行革新。在平台企业中，每天产生海量的数据，拥有数据开发、运用和阐释能力的人才成为不可或缺的宝贵资源。一方面，高校在此方面应发挥关键作用,必须注重提升毕业生的认知技能,不仅要强化科学、技术和工程等学科的教育,也要重视人文、艺术和社会学科的教育,培养适应大数据时代需求的复合型人才。同时,高校还应加强与企业的紧密合作,确保所培养的人才能够真正适应市场的实际需求。另一方面,平台经济时代呼唤更多具有创新精神的人才。为此,教育体系应更加强调培养学生的自主学习能力,鼓励他们对世界保持好奇,培养他们解决问题的能力。借助数字化技术手段,我们有望将我国庞大的人口基数转化为平台经济时代的强大人力资本储备。

(二)推进平台经济监管体制机制改革,促进平台经济规范化发展

平台经济对众多供求关系的数据独占和数据系统控制,很容易导致新型垄断格局的出现,并引发平台垄断与滥用市场支配等问题,制约平台经济持续健康发展,对经济高质量发展造成不良影响。例如,平台企业存在着向内部经营者收取过高手续费、对劳动者权益保护不足、侵犯消费者权益、数据使用不当与数据安全风险等问题。近年来,针对数字平台寡头的反垄断争议不断。平台垄断问题也给传统的监管治理体系带来了诸多挑战。为顺应数字经济与平台经济的发展规律,最大限度激发创新活力,切实保障消费者权益,我们应当秉持包容审慎、开放透明、灵活有序的监管原则。在此基础上,采取多元化措施,全面优化反垄断规制体系,以进一步提升监管效能。

第一,基于对社会经济福利效应的深入考量,创新监管理念和方式的深入研究。传统的直接依据市场结构进行反垄断判定的做法已显不足。当前,对数字平台企业可能存在的垄断行为进行规制正逐步依赖更为精细且复杂的经济分析手段,特别是聚焦于"行为—绩效"模式的实证分析。实际上,在平台经济领域,由于技术创新和商业模式创新的双重推动,竞争的激烈程度是远超其他领域的。在这个特殊的竞争环境中,市场自身拥有强大的自我纠偏能力。也就是说,在大部分情况下,市场并不需要依赖外部力量进行调节,它本身就能够通过内在的机制来纠正可能出现的偏差。然而,这并不意味着市场在所有情况下都能够自我调节,当平台拥有了市场支配地位,而且市场机制本身无法纠正平台的不正当竞争行为时,政府需要介入,进行必要的干预。因此,我们应该顺应服务业数字化的发展趋势,努力改变监管理念,推动从事前监管到全链条监管的转变,构建起适应数字化时代的治理体系，利用信息和技术为政府的监管工作提供支持，提升监管效率。同时，我们还需要平衡网络效应和竞争效应之间的关系，制定合理的产业政策，为服务业的发展创造一个公平竞争的市场环境。

第二，在数字平台的管理中，我们需要对它们进行细致的分类，并基于这些不同类别的数字平台，实施有针对性的、差异化的监管策略，以确保监管的精准性和有效性。一方面，在评估竞争态势时，若未能充分考虑数字平台的多样化类型、各自独特的功能属性、横跨的不同行业领域，以及各自所处的发展阶段，就极易引发竞争评估的严重误判。针对同样的市场行为，对不同地位、不同发展阶段的数字平台应区别对待。例如，同样是补贴行为，对于在位的垄断平台而言可能是反竞争的，对于新进入者而言则可能是有利于竞争的。另一方面，要重点关注一些潜在的危害大的反竞争的行为，同时，要有效区分反竞争行为和合理竞争行为，增强反垄断法的威慑力。从不同类型平台来看，就搜索引擎平台而言，特别是那些水平搜索平台，竞争规制的重点应该在于是否存在滥用或篡改排序权相关算法导致不合理的差别待遇。就社交网络平台而言，近些年过度收集和使用用户数据成为关注的焦点。随着数据深度挖掘技术逐步成熟，平台传导行为更加多元化、隐蔽化与便利化。当然，对一些争议较大的复杂问题，不宜预设结论，而应在具体分析中逐一解决，不作"有罪推定"，而更多地将创新因素作为分析重点。

第三，针对平台经济发展的前沿挑战，我们需强化立法或修法调研，以加快完善相关法律法规体系，确保其适应数字时代的特性并满足现实发展需求。在反垄断相关配套立法、释法指南的发布或未来必要的法律修订中，应明确体现数字经济的独特特征。已实施多年的《中华人民共和国反垄断法》，在面对诸多新问题时，亟须通过配套性规章、相关指南和规范性文件来提供更具针对性的解释和指导。总体来看，我们应进一步运用竞争政策协调反垄断法多元化的立法宗旨，明确其实施边界和标准，有效约束新型排除或限制竞争的行为，保护好企业创新的动力。

第四，提升反垄断机构层级，加强反垄断执法能力建设。为了进一步巩固竞争政策在数字经济领域的地位，我们提议在新构建的国家反垄断体系中，显著提升其决策层级和竞争执法的权威性。鉴于当前反垄断执法在资源、技术和人才方面存在的短板，我们有必要扩充反垄断机构的编制，同时增加财政性经费的投入。

在数字经济领域中，竞争执法面临的挑战尤为严峻，需要应对的是势力强大、行为复杂的平台主体，并且会受到社会的高度关注。因此，对于办案人员的专业素养提出了极高的要求。执法人员不仅要精通法律知识，还需具备深厚的经济理论基础。然而，与国外的竞争执法机构相比，我国当前的执法机构在专业人才和执法资源方面仍有较大的不足。为了迅速提升我国在新经济领域的反垄断规制能力，我们应当加大人才培养和引进的力度，并制定详细的职业培训规划。同时，鼓励有条件的大学设立相关学科，为培养创新型执法人才奠定坚实的基础。此外，我们还应积极利用社会化资源和第三方机构的力量，不断拓宽人才队伍，提升我国反垄断执法的整体水平。

第五，促进与国外主要反垄断司法辖区之间的合作。数字市场因其跨地区、跨国家的特性，使得竞争环境变得尤为复杂，从而引发了管辖权及执法协调的难题。面对数字经济领域的竞争挑战，各司法辖区的反垄断执法机构需加强协作与配合，共同应对。由于数字市场的独特性和复杂性，反垄断局可进一步与美国、欧盟等关键反垄断司法辖区，就数字经济领域签署专门的执法合作协议。此举不仅有助于提升执法效率，还能深化我国在全球数字经济治理中的影响力。同时，为了与我国数字经济的全球化发展趋势相契合，我们应以国际视野和标准审视反垄断规制的效果，持续增强我国在全球数字经济治理中的话语权，从而提升数字平台综合监管的国际化水平。

（三）实施"互联网+"与"智能+"为传统产业赋能

平台经济的发展带动作用既包括平台企业自身的产业化，也包括为其他产业赋能，而赋能传统产业的影响更广，而且反过来又会进一步带动平台经济的发展。因此，应大力推动平台经济在传统产业领域的扩展与应用。

第一，深度挖掘制造业平台化转型空间。数字技术与制造业深度融合，成为中国经济转型升级的重要突破口。这一融合不仅意味着从消费互联网主导转向产业互联网主导，更深远的影响是对全球制造业体系的全面重构。为了实现这一目标，我们必须全面实施"互联网+先进制造"战略，以推动制造业的全面升级。在这个过程中，我们需要加强"智能化+产业集群"与"智能化+专业市场"的平台化建设，启动制造业与平台经济的融合发展。同时，我们还需要构建工业互联网网络、平台和安全体系，保障这一融合过程的顺利进行。大力推进产业集聚区、工业园、开发区、小微企业园等数字化转型和智能化改造，是实现这一目标的重要手段。作为全球装备制造大国，我们更应加强工业互联网、智能控制、新型传感器、机器视觉等技术在装备制造中的集成应用。通过这种方式，我们可以促进制造业向柔性化、智能化、精细化的方向转变，从而在全球制造业体系中占据更加重要的地位。

第二，深度挖掘服务业平台化转型空间。以数字产品和数字服务为核心，精心构建数字内容产业链，并促使其向服务业产业链的上下游全面延伸，进而深度拉伸服务业数字化的整体链条。我们需坚定推进工业设计、现代物流、金融服务、检验检测、供应链等生产性服务业的数字化转型，鼓励生产性服务企业充分利用互联网技术搭建智能设计、智慧物流、智慧供应链、智慧能源等针对特定环节和场景的专业化平台。同时，我们要加强物联网、移动互联网、人工智能与生活性服务业的深度融合，积极发展智慧旅游、智慧健康、智慧养老、智慧教育等创新业态。此外，还应加强对文化资源的数字化采集、保存和应用，大力培育网络文学、网络影视、动漫游戏、数字影视、数字广告等数字文创产业，以推动文化产业的数字化升级。

第三，深度挖掘农业平台化转型空间。要深入探索数字农业的发展模式，打造农业数字化的示范基地，大面积推广数字植物（育种）工厂以及数字牧场等技术。要广泛应用农田智能监测技术、养殖环境监测技术以及设施精准控制技术等数字化农业技术，从而重塑农村的生产模式和经营模式。要深入推进农业和电商的深度融合，实现农产品的预订种植、社区直销以及网络营销等新型销售模式，进一步提升农业产业链的深化程度和数字化程度。还要搭建全国统一的农产品质量安全追溯平台，建立农业遥感监测和应用体系以及农产品质量安全监管全流程追溯系统。这将形成对市场主体行为全生命周期的监管链，实现执法监管行为全周期、全流程、全要素的数字化留痕管理。

（四）打造在线消费生态系统，挖掘和释放平台经济消费潜能

平台经济凭借联结市场、促进供需平衡的核心功能，成功吸引了众多小众、低频的新兴服务业态的消费者，培育出了极具个性化的服务市场。在此过程中，它通过促进线上线下的深度融合，利用先进的数字技术对传统服务的交付、体验及运营模式进行革新，极大地丰富了服务消费的内容，拓宽了服务消费的空间。平台经济致力于构建一个体验感更好的在线消费生态系统，从而催生出"新消费"这一经济现象，这无疑是推动经济高质量发展的又一关键途径。

第一，持续提升居民消费能力。一个国家的整体消费水平和消费质量的提高，在很大程度上取决于该国居民的消费能力。这是一个复杂的动态系统，受到规模经济、范围经济、成本结构特性等多重因素的共同作用和影响。尤其是在平台消费市场的成长和健康发展过程中，通常需要依赖庞大且活跃的消费人群。以我国为例，我们拥有世界上最为庞大的消费人群，这无疑是我国消费市场持续发展的重要支柱。然而，尽管我国消费市场庞大，消费者的实际购买能力却不足，这成为制约我国消费市场发展的一大瓶颈。因此，要想有效挖掘和释放平台经济的消费潜能，关键就在于如何提升我国居民的实际消费能力。

首先，我们需要进一步完善初次分配制度，提高居民的可支配收入，以及提高劳动者报酬在国内生产总值中的比重。这样，城乡居民就能更好地享受到我国经济发展的成果，从而提升他们的消费能力。其次，我们需要进一步完善社会保障体系，强化再分配对社会贫富差距的调节作用。通过这种方式，我们可以在一定程度上缩小贫富差距，提高社会整体的消费能力。最后，我们可以借助平台经济提供的新手段，如新型消费信贷等，来激发消费活力，增强居民的跨期消费选择偏好。这将有效地推动我国消费市场实现有序发展。

第二，建立供需匹配的高质量生产体系，实现品牌价值提升。在当前的社会背景下，随着居民消费需求的不断提高，他们对商品的品质、性能以及款式等方面有了更高的期待和要求。这就要求我们必须从更深层次去理解和把握这种新的消费趋势，从而引导企业去瞄准更高的标准和满足这些新消费需求，进而对现有的产品结构进行改造和提升。同时，我们还要注重核心竞争力的培养和提升，通过增加消费品市场的多样化和有效、高质量的供给，促进"新消费"的产生和发展。

具体来说，首先，我们应该鼓励企业加大研发投入，提高研发和设计的水平，将传统的制造工艺与信息技术相结合，以快速、高效的方式生产出能够满足消费者个性化需求的产品。其次，我们需要加大对智慧餐饮、智慧出行、智慧商圈、智慧旅游等数字平台建设的投入，以推动这些领域的创新和发展。最后，我们要发现并培育中国的服务品牌，通过利用平台流量、网红、达人等资源，推动服务品牌的成长，形成线上线下融合互动、双向繁荣的新局面。

第三，进一步增加商品与服务多样化供给，满足"新消费"分化需求。在当今社会，居民消费需求的多样化趋势愈发明显，这对商品和服务的供给提出了更为严峻的挑战和更高的要求。因此，我们必须从提高商品和服务的质量以及满足"新消费"需求两个方面入手，实质性提升我国商品和服务的供给能力，以适应不断变化的市场需求。

具体来说，一方面，在商品和服务的供给方面，我们需要加快分级，实现精准化定位，我们应该鼓励企业根据不同档次，提供多层次的商品和服务，以满足不同群体的需求。这样的做法不仅可以满足消费者的多样化需求，还可以为企业带来更大的市场空间和利润。另一方面，我们需要丰富新型服务供给内容。随着居民对各类服务需求的快速增长，服务类型不断增加，我们应该着力加大新型服务消费供给，鼓励新型服务的发展，拓展消费空间，推动我国服务业的发展，促进经济结构的优化升级。

第四，引导流通企业构建新商业流通模式，提升"新消费"供需匹配效率。我们要积极鼓励流通企业重新塑造自身的价值链，优化和提升价值实现的方式，从而实现企业的发展方式和流通模式的升级与创新。我们需要积极探索和尝试新型流通运作模式，以此推动商业流通现代化水平的提升，推动流通企业的价值增值从销售终端向流通环节转变，丰富商贸流通产业链条，构建信息化、现代化、系统化的现代流通配送体系，进一步降低物流成本，同时提高流通效率。我们还需要鼓励流通业供应链建立协同运营的创新机制，通过各方认可的利益分配机制，实现信息等各要素的协同发展，提升整个供应链上下游企业间的运营效率和协同效应；逐步完善信用合作方式，优化流通业企业间战略联盟合作方式，为供应链各节点企业提供生产、库存和采购等环节的准确依据，提升流通业供应链整体的需求预估能力和水平。这样，我们就能更好地推动我国流通业的发展，提升其整体竞争力，满足消费者的需求，推动我国经济的持续健康发展。

第五，构建规范的市场消费环境，提高"新消费"满意度。一是要全面提升并优化消费环境，提高标准化管理水平，完善质量监管体系，同时加大对消费领域违法违规行为的惩戒力度；二是要努力改善消费市场的信用环境，构建高效的信息共享机制，并搭建起完善的消费市场信用评价平台；三是要深入完善并改进与消费密切相关的基础设施建设，清除流通网络中的各类障碍，完善流通标准和商品服务质量标准，创新监管手段，并加强线上线下消费者的权益保护工作，从而为消费者打造一个安全、可靠、放心的消费环境。

第五章　数字经济促进经济高质量发展的实践

本章介绍了实体经济的数字化转型、民生行业的数字化转型、金融行业的数字化转型以及事业单位财务的数字化转型。从实践层面为我国经济高质量发展提供新思路。

第一节　实体经济的数字化转型

一、农业的数字化转型

农业是人类衣食之源、生存之本，是一切生产的首要条件，为国民经济其他部门提供粮食、副食品、工业原料和出口物资。同时，农业也是与人们生活最息息相关的实体经济。如今，数字技术和智能技术被推广运用到农业产业中，引发了数字田园、数字牧场、智慧农业等一系列农业数字化建设，深刻改变着农业的面貌。

我国目前已成功地将现代电子技术、控制技术、农机工程装备技术应用于精准农业的智能装备中。在农业生产中也经常应用到自动导航技术、播种监控技术和农药变量喷洒技术等。除此之外，新能源的应用也逐渐转向农业领域。可以说，我国农业的数字化发展现状是良好的，但全方位、全覆盖地实现农业数字化转型还有待进一步努力。

精准农业是以现代农业生产方式为基础的，其依托卫星导航、遥感、地理信息系统等现代空间信息技术，对农业生产方式进行革命性升级。精准农业能够确保农作物生长需求与农业生产要素投入的精准匹配与动态平衡，不仅促进了资源的有效节约，还实现了对环境的保护。精准农业可以被视为现代农业数字化转型的动力。

在数字经济的浪潮中,我们积极提倡和发展精准农业,这不仅仅是一个简单的农业现代化举措,而是数字农业不断进步和发展的必经之路,更是数字经济发展不可或缺的核心内容。精准农业的实践,深层反映了科技进步在农业生产中的深远影响,它所代表的现代农业发展模式正逐步成为推动农业领域变革的重要力量。具体而言,精准农业与传统的农业模式相比较,展现出了非常明显的优势。它通过科学化的管理,有效减少了资源的浪费,降低了生产成本,并在环境保护方面做出了积极贡献。更重要的是,精准农业通过构建绿色农业生产体系,推动了农业的可持续发展,确保了农业生产与生态环境之间的和谐共生。这种农业生产方式,不仅能够满足当代人的需求,而且在保障后代农业资源可持续利用方面做出了实际行动。目前,我国形成了空间基础设施、农业空间数据、大数据分析系统等发展精准农业的有利条件,需要进一步加强数字经济和数字农业知识的宣传普及,提高数字农业发展必然性的规律性认识,加强精准农业示范应用,加快构建数字农业经济体系。

在当前的数字时代,我们所探讨的所有问题的根本前提都是实现数字化。然而,即使机械设备已经可以替代人力,但如果没有具备高数字素养的人才,这些机器仍然无法正常工作。因此,未来农民的形象将发生显著的转变——他们将会变得更加专业化、职业化、年轻化,拥有更高的学历,熟悉农业机械设备,掌握新一代信息技术和人工智能技术,更容易接受新事物。与此同时,专业大户、合作社、公司的数量将会不断增加,它们在实际运作中将发挥更加重要的作用。

在我国农村,无人机植保已日渐普及,尤其是在湖南。湖南的地形以丘陵为主,田块分散,过去农民靠背负式喷雾器打药费时费力还危险,如今无人机植保技术的存在,对农民帮助很大。虽然无人机植保目前仍存在药剂漂移、大风改变作业轨迹、电池续航差等问题,但有理由期待在未来的农业植保领域,无人机将发挥主要作用。

互联网、人工智能、大数据等新技术能更好地帮助农民实现对猪场的科学化管理,同时也会为未来科学养殖技术的突破提供数据基础。随着人们生活水平的提升,猪是否健康成了人们十分关心的问题。

根据阿里云披露的论证数据,人工智能可以让母猪每年多产 3 头小猪仔,且猪仔死亡淘汰率可降低 3% 左右。京东数科则介绍其智能化养出来的猪平均出栏时间可缩短 5—8 天。这种智能养猪的手段还包括通过传感器实时监测温度、湿度、粉尘、氨气量、氮气量等，改善猪的生活环境。在物流环节，运用测温等技术，对运输中环境卫生的变化进行监控等。

新技术的加入能够更好地控制猪的生长过程，了解猪的健康状况，排除影响人类生命安全的疾病因素。同时，智能化的运营方式提高了生产率，减少了成本，使猪肉价格也能保持在合理的波动区间。

农业生产方式、经营主体的变化，也在倒逼流通形态不断进化和升级，传统的农资厂商、经销商也在谋求转型，农资电商也逐渐成为农业流通体系的有效补充。

阿里巴巴的普惠式发展实践始于 2009 年电商消贫。其核心思路就是用商业模式扶持贫困地区经济发展，通过电商赋能使贫困地区具备脱贫致富的能力。

贫困地区根据自身实际，充分利用互联网平台，实现数字化经营：有的依靠传统产业线上转型；有的依靠本地资源，将土特产品卖向全网；有的根据需求找资源、促生产，实现增收脱贫。

阿里巴巴除了提供消费品下乡和农产品进城的双向商品服务，还在农村地区展开了众多生活服务的创新实践。譬如，农村淘宝搭建的一万多个村级服务站，通过与当地联通、电信等运营商合作，为村民提供充值、上网等服务，通过与支付宝合作，为村民提供生活缴费、小额提款等服务。此外，还帮助农村建立起电商基础设施，包括交易、物流、支付等。未来各类经营主体、创业者都可以借助这些基础设施，这为农村和农民带来了更丰富的信息化服务。

在农村经济领域，各类经济主体与大型电商企业间的协同发展格局已初步显现，这一模式对农村，特别是贫困地区的经济增长、农民收入的提升及生活品质的改善产生了显著且积极的推动作用。中国农村电商所取得的成功经验，不仅具备可复制性，而且具备广泛的推广价值，对于推动农村全面发展和实现共同富裕目标具有重要意义。

二、制造业的数字化转型

制造业是国民经济的主体，是立国之本、兴国之器、强国之基，更是实现创新、抢占未来的关键制高点，决定着实体经济的质量和效益。只有做强中国制造，才能振兴实体经济。我国在《中华人民共和国国民经济和社会发展第十四个五年规划和 2035 年远景目标纲要》第三篇中的"深入实施制造强国战略"中坚定提出要坚持自主可控、安全高效，推进产业基础高级化、产业链现代化，保持制造业比重基本稳定，增强制造业竞争优势，推动制造业高质量发展。

我国是制造业第一大国。改革开放四十余载的积淀与发展，让我国制造业的综合实力与国际竞争力得以显著提升。而且，我国在技术上实现了重大突破，并成功实现了产业的升级与转型。制造业的蓬勃发展为社会带来了大量就业机会，对交通运输、批发零售、住宿餐饮等行业的就业问题起到了积极的作用。同时，制造业更是社会财富创造的主要源泉。它不仅为国家贡献了可观的财政收入，还确保了国家的安全。制造业的发展为人民的幸福安康、社会的和谐稳定奠定了坚实的物质基础，成为提高人民生活水平的有力保障。此外，制造业在我国工业化、信息化、城镇化、农业现代化的发展中，发挥着主要推动者的作用。它为国民经济与社会发展作出了重要贡献，为国家的繁荣与进步提供了强大的动力源泉。

制造业是振兴实体经济的重要阵地。随着"互联网+""大数据+""智能+"等战略的深入实施，数字技术与制造业的深度结合已成为不可逆转的趋势。因此，大力推动制造业的数字化转型，不仅有助于经济的转型升级，还能为经济增长注入新的活力与动力。

在数字经济蓬勃发展的时代，关于实体经济如何转型升级，以下三点至关重要。一是积极拥抱不断革新的数字技术。全球产业变革的新一轮浪潮显著体现在以大数据和人工智能为代表的新一代信息技术的持续创新，以及它们与传统产业的深度融合上。互联网的开放、共享、协同特性正深刻改变着制造业的创新主体和创新模式。例如，工业互联网已成为各国工业强国竞相布局、抢占竞争制高点的关键领域。二是积极开发新资源。经济的快速发展也同时伴随着资源的滥用和枯竭。数据资源的利用水平和成效，日益成为企业、国家拥有强大实力的证明。三是营造良好的政策环境。企业创新能力、创业热情的进一步释放，有赖于良好的政策环境。

下面进一步探讨这三个方面如何能促进制造业的转型升级。

拥抱新技术，促进制造业的数字化转型。以互联网为例，其之所以能够日益成为推动制造业转型的新动力，主要在于其持续创新资源优化配置的能力，以及激发全社会创新活力的作用。随着移动互联网、工业互联网、开源软硬件、3D打印等新技术的广泛应用,创新组织正在向小型化、分散化和创客化转变。针对大企业和中小型企业的各类创新创业平台如雨后春笋般涌现,为创新创业提供了更为广阔的舞台,从而不断改善着产业生态。在这一过程中,企业创新资源的配置方式和组织流程正经历着从以生产者为中心向以消费者为中心的转变。构建能够深度挖掘客户需求、实时感知市场动态、快速响应并及时满足的创新体系,已成为企业新型能力的核心。正是互联网所具备的这些特性,有效推动了制造业的转型升级。

工业互联网是一种拓宽制造业新空间的重要引擎,已经成为产业发展的新前沿。其应用范围正在不断拓展,规模也在持续扩大。工业互联网技术主要被应用于产品开发、生产管理、产品服务等关键环节,为这些环节提供了智能化、自动化的解决方案。工业互联网的主要应用模式和场景可以归纳为以下四类:一是智能产品开发与大规模个性化定制;二是智能化生产和管理;三是智能化售后服务;四是产业链协同。在产品开发和服务环节应用工业互联网技术的企业,一般致力于开发智能产品,提供智能增值服务;在生产管理环节应用工业互联网技术的企业,一般主攻发展数字工厂、智能工厂。目前,我国在产品和服务环节应用工业互联网技术的企业,远远多于在生产管理环节应用工业互联网技术的企业。工业互联网与传统制造业的融合发展,进一步提升了劳动力、技术、管理等要素的配置效率,提升了产业供给的能力和水平,这也将同时为经济增长持续注入新活力。①

互联网正孕育着制造业的新模式与新业态。通过制造业与互联网的深度融合,我们不仅能够激发制造企业的创新活力与发展潜力,还能催生出一系列引人注目的新模式、新业态和新产品。个性化定制便是这一变革的生动体现,已经悄然融入人们的日常生活。个性化定制作为传统工业向智能制造转型的关键标志,赋予了用户参与产品生产的权利。用户可以根据自己的喜好,将特定的图案和文字印刷在选定的产品上,从而拥有独具个人特色的商品,或获得完全契合个人需求的产品与服务。借助互联网和大数据平台的强大功能,结合智能工厂的建设,我们可以直接将用户需求转化为生产订单,实现以用户为中心的个性化定制和按需生

---

① 沈恒超. 制造业数字化转型的难点与对策 [J]. 变频器世界,2019(6):44-46.

产。这种方式不仅有效解决了制造业长期面临的库存和产能问题，还实现了产销之间的动态平衡，推动了制造业的可持续发展。

个性化定制的兴起促使消费者深度融入生产制造的全过程，由此，传统的大规模集中生产模式正逐步向分散化、个性化的方向转变。这一转变不仅意味着传统商品将逐渐被智能产品所替代，还预示着服务型制造正逐步融入制造业的核心，推动我国制造业从单一的制造环节向更为多元化、高附加值的领域延伸。这种转变不仅提升了产品的附加值，还推动了制造业从传统的生产型制造向服务型制造的根本性转变，对于促进我国制造业的转型升级和重构制造业产业体系具有深远而重大的价值。

开发新资源。面对人口红利的消失、环境问题的严峻、自然资源的限制，在寻求传统资源高效利用的同时，新资源的开发也是刻不容缓的。大数据正是目前最为热门的新资源，数据挖掘、数据驱动都可以让生产运作、科技研发更加有效；数据孵化，让新产品和服务脱颖而出。在互联网平台方面，中国拥有更为丰富的场景，在数据这一新资源的开发利用上也具有得天独厚的优势。

此外，随着新能源汽车的研发和生产取得了显著的进步，我国汽车行业似乎正迎来一个全新的转折点。伴随着5G通信技术、车联网、人工智能、大数据等前沿科技的飞速发展，各式各样的汽车品牌纷纷将电动化、智能化确定为自己的战略发展方向，并提出转型为移动出行服务商的宏伟目标。

为了进一步推动制造业的发展，我们需要营造一个良好的商业环境，以促进其数字化转型的进程。数字化转型是制造业自身发展的必然需求，在转型的过程中，大多数问题最终都将由市场自行解决。然而，仅仅依赖市场的力量可能无法实现真正的改善，这就需要政府的大力推动和积极参与。因此，需要更好地发挥政府在数字化转型过程中的作用。

制造业的进一步增长不可避免地要靠创新驱动和创业促动。创新的出现需要各领域知识充分交流和碰撞，创业的热潮需要宽松的环境，企业创新能力、创业热情的进一步释放有赖于营商环境的精心营造。为了能让企业获得公平、公正的发展和竞争环境。我们应进一步加大对小微企业的扶持力度和政策优惠，通过技术改造贷款贴息、搬迁补助、职工安置补助、产业引导基金投资等措施，积极支持和鼓励企业实施数字化改造。同时，借助政府购买服务等机制，鼓励中小企业与服务平台建立紧密合作,引导他们通过"上云"模式提升数字化水平。此外,我们还将通过试点示范项目,培育和发展工业互联网平台,鼓励并支持优势企业提高工业互联网应用水平,广泛推广网络化协同制造、服务型制造、大规模个性化定制等新模式和新业态,以推动整个产业的数字化转型和升级。

在这个经济全球化的时代,加强国际合作,提升国际影响力,显得尤为重要。目前,美国、德国等国家正在共同研究探讨工业互联网参考架构和工业4.0参考架构模型的兼容性和一致性,这最终可能会推动一个统一的全球架构的形成。我国作为一个产业门类齐全、市场规模庞大、数据资源丰富的国家,应当充分发挥这些优势,寻求与其他国家的深入合作,并引导相关行业组织在国际合作中发挥更大的作用。

我国的制造业规模宏大,体系完备,但随着我国制造业低成本优势的逐渐减弱,我们必须努力提高产品品质和生产管理效率,提升我国的竞争优势。数字化转型被认为是提升制造业竞争力的重要途径。当前,我们需要更好地顺应数字经济的快速发展趋势,解决制造业数字化转型过程中的难题,切实推动我国制造业的高质量发展。海尔公司的成功转型就是我国制造业转型成功的典型案例。

在长达三十余年的创新发展中,海尔已从一个曾濒临倒闭的集体所有制小厂,蜕变为现今的全球白色家电领军品牌。面对互联网、大数据和人工智能的汹涌浪潮,海尔毅然决然地踏上了互联网化转型的征程,从战略方向到管理模式,从研发体系到服务体系,均进行了全面的革新与升级。如今的海尔,已从传统的家电制造企业转型为面向全社会的创新生态平台,积极孵化创客,构建起了互联网时代企业、员工、用户与合作伙伴间的新型合作关系,成为引领制造业变革的先锋力量。

三、跨境电商的数字化转型

跨境电商是指利用跨境电子商务平台发展起来的跨境网络贸易,是在"互联网+"发展到一定程度出现的跨境贸易与电子商务的有机结合的新型贸易形态。跨境电子商务凭借其便捷性、普遍性得到广大民众的认可,是普通百姓参与国际贸易的渠道之一。我国跨境电商最初的模式是海淘、个人代购等模式。随着互联网技术的蓬勃发展,跨境电商的形式已经超越了传统的界限,逐步实现了企业化、规模化的转变和数字化转型。如今,越来越多的企业积极投身于跨境电子商务市场，跨境电商以其独特的便捷性，正逐渐成为电商领域的主导力量。

随着数字经济的快速发展，全球网络零售规模快速增长。网络零售对全球居民消费的影响力日益增大，而全球物流和线上支付的发展进一步促进了跨境电商的发展。从电子商务地理范围看，电子商务跨境化发展趋势明显，而中国已连续多年成为全球规模最大的网络零售市场，网民数量也急剧增加。从当前各大电商企业的采购计划和数据来看，跨境电商的数字化转型、消费升级正成为趋势。对于海外商家来说，中国跨境电商的蓬勃发展为海外商品进入中国市场提供了新的营销渠道，同时也为中国产品走向世界带来广阔的商机。

具体来讲，跨境电商的数字化升级为买卖双方提供了精准的"人、货、场"信息匹配服务和交易信用保障，使买卖双方同时具有高效的履约体系，从而完成商家数字化信用和数字化体系的构建，实现跨境贸易的数字化重构。目前，全球外贸链路环节众多，国际站平台只是其中的一个营销场景，如果国际站将更多的外贸环节数据沉淀于平台之上，就会更清晰地将买卖双方的画像勾勒出来，更能进行精准匹配。比如，来自印度的厂商买家如果在国际站沉淀的数据中发现有一位曾出口过印度的卖家，且其产品质量、发货速度、买方评价等信息都有很高的好评率，那么他就会倾向于选择这位卖家交易，这便是数据反哺平台，做到"人、货、场"的重构。

阿里巴巴国际站——跨境电商"一站式服务管家"就成功诠释了"人、货、场"的信息匹配服务。成立于1999年的国际站是阿里巴巴集团的第一个业务板块，现已成为全球领先的企业对企业跨境贸易电子商务平台，也是中国与"一带一路"沿线国家跨境电商贸易往来的优质"一站式服务管家"。近几年，"一带一路"沿线国家在国际站上的活跃买家实现了大幅度增长，"一带一路"沿线国家表现出了良好的发展趋势，"一带一路"沿线国家和正在推进"一带一路"合作的国家的经济加速增长。可见，我国跨境电商发展势头良好，未来一片光明。

我国跨境电商虽然发展时间不长，但是发展速度较快；虽然相关的管理和法律法规还不够完善，不能完全适应跨境电商快速发展的需求，但政府正在积极推进相关政策，新技术、新模式也在不断创新。因此，我国跨境电商的数字化转型有望得到新一轮的大发展。

一方面，随着政策"红利"的不断释放，跨境电商数字化迎来了新的发展机遇。我国一直在不断完善跨境电商等新业态的促进政策，支持跨境电商新业态的发展，这是为了适应产业革命的新趋势，促进进出口稳中提质的重要举措。同时，我国也在不断增加试点城市，这有助于将前期跨境电商园区的先进经验进行复制，进一步推动中国跨境电商的发展。

另一方面，关于"无票免税"政策。所谓的"无票免税"是指出口企业只需登记相应的销售方名称、纳税人识别号、货物名称、数量、单价和总金额等进货信息，就可以享受免征增值税的优惠。对于跨境电商综合试验区电商零售出口，实施"无票免税"政策可以更方便地确定企业的所得税征收。这一政策的实施不仅大大降低了跨境电商企业的人力和时间成本，同时也加快了退税进程。

高科技装备与数字技术的结合，如智能分拣系统、智能审图等，极大地推动了跨境电商出口业务的迅猛发展。以深圳机场国际快件运营中心海关监管区为例，其高效的运营模式使得跨境电商出口更加便捷，规模持续扩大，货物入园出园仅需 30 分钟，显著提升了物流效率。

随着网络购物的普及，中国制造的优质产品得以覆盖更广泛的人群，进一步推动了其普及化进程。同时，"一带一路"倡议的深入实施，为跨境电商卖家提供了快速布局沿线国家市场的绝佳机遇，有力地推动了国内产业的快速发展。

在企业对企业出口领域，平台功能已由传统的纯信息服务向在线交易及综合服务商模式转变，不仅提供多样化服务，满足了中小外贸企业的线上化需求，还通过提升用户黏性及盈利能力，实现了行业的升级与发展。

此外，海外仓的模式也在不断优化，以提高国外消费者的购物体验。海外仓，即卖家提前装备好商品，然后批量运送至海外仓库。通过海外仓库的后台管理系统，下达订单指令，操作人员会根据卖家的订单要求进行终端配送。这种模式对于优化电商供应链体系、提高物流配送效率以及降低单件商品的物流成本都具有积极意义。

跨境电商的数字化转型已成为推动制造业国际化的关键路径。近年来，我国跨境电商发展迅速，已成为制造业企业开拓海外市场的重要手段。众多制造业企业纷纷抓住跨境电商这一机遇，将市场拓展至全球各地。跨境电商能够有效解决产能过剩的问题，且能够为企业提供连接国际市场的有效途径。随着跨境电商的发展势头持续增强，其将逐渐成为制造业企业国际化发展的主流渠道。

第二节 民生行业的数字化转型

一、教育行业的数字化转型

随着数字技术的不断发展，大数据、移动互联网、人工智能等新技术的应用范围也在不断扩大，其智能、便捷和普惠的优质特性已经逐步渗透到教育领域，推动着教育走向数字化、智能化，这不仅有效地促进了教育公平，而且重塑了教育新业态。目前，随着人工智能技术的不断成熟，它与教育领域结合得更加紧密，赋能教育行业转型升级呈现出显著的优势。

人机协同的教育可以促进学生个性的成长，推动教育个性化发展。随着人工智能时代的到来，人机协同的教育方式使无论是教还是学都变得更加个性化，我们一直追求的"因材施教""关注每个学生的成长"由于有了技术的支持而变为现实。

在教的方面，教师是教育中的关键要素，教师的专业能力、对学生的态度是决定教育质量的重要因素，教师质量差异是导致教育不均衡发展的因素之一。在目前的班级授课制下，即使优秀的教师也无法准确地了解每个学生的学习障碍和进行一对一的精确辅导，而人工智能虚拟教师会成为教师的得力助手，帮助教师完成很多工作，如答疑、批改作业、心理辅导、日常管理等。另外，人工智能还可以汇聚、叠加更多专家智慧，增强教师的工作能力，使其能够突破传统班级授课制的局限，创造性应用多种教学方法和工具，实现对每一个学生的个性化和精细化关注。因此，在人工智能虚拟教师的帮助下，教师可以花更多的时间与学生交流沟通，从而促进学生更好地成长。

在学的方面，人机协同可以改变学生的学习方式。大数据的精准教育可以为每个学生提供更精准的学习诊断和分析，通过建立个人学习成长档案，满足学生个性化发展的需求。人机协同还能实现泛在学习。例如，重构学习社区、智能学习平台和终端可以让学生随时随地进行学习，学习社区的构建打破了原有的班级、年级概念，学习群体可以任意选择不同的学习内容、学习时间、学习等级等，同时还可以实现远程协作学习。

在当今这个信息化迅猛发展的时代，智能教育的兴起引领了一场教育领域的深刻变革。共创共享和跨界融合的理念被广泛地应用于教育实践中，推动了整个教育生态的全面重构。随着智能学习环境的逐步建立和完善，学习者得以摆脱传统的时间与空间限制，自由学习得以真正实现。在这个全新的教育环境中，无论是知识技能的获取，还是人才的培养，学校不再是孤立的存在。学习的时间和空间扩展到了社会各个角落，包括企业、博物馆等非传统教育场所都积极参与到学习内容的提供和学习场景的构建中。这种跨界融合使得教育资源得到了最大程度的开放和共享，教师和学生不再是传统意义上的知识传递者和接受者，而是共同创造和享用学习资源的主体，真正实现了共创共享的教育生态。

教育供给的多样化也是智能教育带来的显著变化。人工智能和大数据技术的应用，使得教育能够突破物理空间和实体条件的限制，学习者的范围和知识信息的广度得到了极大的扩展。每个学习者都能够获得量身定制的个性化学习内容和方式，这是传统教育无法实现的。在知识爆炸的今天，人工智能算法能够为每个学习者提供最适合他们的学习内容、难度和方式等，为实现"因材施教"提供了无限的可能性，让每个学习者都能在教育的舞台上绽放光彩。

人工智能与教育的深度融合展现出很大的优势与发展前景，未来教育发展趋势必定是与智能相结合。人工智能对教育的赋能具体表现在以下几个方面。

首先，人工智能赋能管理。人工智能技术将在教育领域发挥关键作用，推动学校和教育机构实现智能化管理。招生、注册等流程将因人工智能而高效便捷。在日常管理中，人工智能可以处理考勤任务，实时监控校园安全。在内容管理上，人工智能可以推荐适合学生的课程组合，追踪学生学习过程，为教师提供个性化教学建议。教育管理者可借助人工智能进行数据分析，优化资源配置，提升教育质量。

其次，人工智能赋能学生。智能时代对人才的培养目标提出了全新的要求，不再局限于传统的知识传授和技能培训，更加注重培养学生的创新意识、批判性思维以及解决复杂问题的能力。这种转变不仅体现在教育内容上，教育结构也面临着相应的调整，以适应未来社会的需求。但人工智能对教育领域产生的最直接影响，还是在于学习方式的变革。借助于智能技术，个性化、定制化的学习模式得以实现。学生可以根据自己的兴趣、能力和学习进度，获得量身定制的学习计划和资源。

最后，人工智能赋能教师。人工智能技术的应用无疑为教师带来了一次深刻的变革，让他们从那些繁重而重复的工作中解脱出来。比如，通过运用机器学习、图像识别、自然语言处理、大数据分析等前沿技术，人工智能能够对学生的作业进行多角度、全方位的批改。这不仅包括词汇、句子、段落，甚至涵盖了语法等各个层面。当学生收到自己的作业分数后，根据人工智能标注的错误和给出的建议，他们可以针对性地对作业进行修改，从而得到更进一步的提升。此外，人工智能技术的应用还能让优质的教育资源以更适切、更个性化的方式，辐射到更多的学校中去。这不仅有助于推动我国优质教育资源的均衡发展，还能让教育的公平得到更好的实现。

人工智能与教育的深度融合展现出了很大的优势与发展前景，未来教育发展继续与智能相结合才能更好地利用人工智能发展教育，提高教育质量和效率，促进个性化学习。面对教育的数字化转型，应高度重视人工智能的教育培训。

第一，推进人工智能素养教育和实践活动。良好的学生培养方案是素质教育的起点，首先要做的就是遵循教育教学规律和中小学生身心特点，注重基础人工智能教育的培养，与此同时，增强他们创新能力和应用能力的锻炼，改变"填鸭式"教学方式，从而提升人工智能素养教育水平，促进学生全面发展。在实行人工智能素养教育时，也要将人工智能的综合社会实践活动和开放性科学实践纳入学习范畴，将理论联系实际，突破发展瓶颈。对于传统教育资源不合理分配的问题应该予以解决，要扩大人工智能教育覆盖面，缩小校际差距，最终实现兼顾个性化和规模化的高质量人工智能教育发展。

第二，对于学校的学科设置方面，加快人工智能领域学科专业建设，努力实现人工智能与传统教育的融合，提升各类人才的创新精神和实践能力。目前，很多高校已经设置了人工智能学科方向，加大了人工智能领域学科投入，这样不仅推进了人工智能方向复合型人才的培养，而且加快了人工智能领域成果和资源向教育教学转化。同时，很多高校也推出了人工智能与计算机、控制、数学、心理学等专业的交叉融合，逐渐形成"人工智能+X"的人才培养模式，即培养贯通人工智能理论、方法、技术等的纵向复合型人才，以及掌握人工智能与经济、社会、管理等知识的横向复合型人才。通过学校与学生的努力协作，人工智能将更好地助推教育行业的数字化转型。

第三，教师在人工智能方面的教学水平对于学生的提升也是至关重要的，要加强教师对人工智能知识的学习。这需要加大教师人工智能知识和技能培训，推动高校教师与人工智能行业工程技术人员、高技能人才双向交流，并且支持高校教师参与到中小学人工智能素养教育及相关的研究工作，以不断增强教师应用人工智能的能力。同时，可以引进和培养人工智能领域高水平创新人才，面向人工智能领域重大问题和关键技术，汇聚国内外人工智能高端创新人才，进而打造高水平的人工智能创新团队。

第四，深化人工智能科技创新平台建设。政府要通过相关政策和激励措施，鼓励人工智能相关机构加大创新力度，组织机器学习、计算机视觉、深度推理等人工智能前沿核心技术攻关。企业可以基于人工智能领域的基础理论、核心关键技术等需求，统筹部署人工智能科技重大项目，鼓励和引导高校对大数据智能、跨媒体感知计算、群体智能等人工智能基础理论的研究，推动人工智能技术创新与转化应用。

人工智能对传统教育领域带来的颠覆性变革，使各国都高度重视人工智能高端人才的培养。高等院校设立相应学科，打造复合型人才培养模式，改变教学方式，培养学生审辩式思维与创造力。全社会积极推进产学研合作，打破校企的边界，共同打造培养人才的实践平台。

总之，人工智能技术与教育的结合更好地促进了教育发展，培养了社会所需人才。生物识别技术、自适应技术、大数据技术等的发展，会进一步推进人工智能与教育的融合，使人工智能时代的教育更关注学生成长，以人为本，促进学生全面发展，从而大力推动教育的数字化转型。

二、交通行业的数字化转型

数字交通是数字经济发展的重要领域，是以数据为关键要素和核心驱动，促进物理和虚拟空间的交通运输活动不断融合、交互作用的现代交通运输体系。数字交通既包括对交通的精细、动态和智能控制，也涵盖了便捷且安全的交通出行服务，是数字经济在民生领域与社会治理领域的交集。数字交通的发展极大地改善了民生，创新了社会治理，方便了人们的生活，提高了居民幸福指数。

构建数字交通是以"数据链"为主线，构建数字化的采集体系、网络化的传输体系和智能化的应用体系，这样便可以加快交通运输向数字化、网络化、智能化发展，实现交通的数字化管理。下面介绍这三个体系。

首先是构建数字化采集体系。第一是建立一个全方位感知交通重要节点的网络系统，这个系统需要能够对各个交通节点进行全面的数据采集。为了实现这一目标，必须对所有交通节点的情况有一个全面的了解。我们需要优先考虑的是如何布局交通重要节点的全方位感知网络。具体来说，我们需要推动铁路、公路、水路等领域的重点路段和航段，以及隧道、互通枢纽等重要节点的交通感知网络覆盖。我们需要在交通感知网络与交通基础设施的规划和建设过程中进行推进，进一步深化高速公路电子收费系统门架等路侧智能终端的应用，并建立一个云端互联的感知网络。第二是构建载运工具、基础设施、通行环境互联的交通控制网基础云平台。第三要多应用具备多维感知、智能网联功能的终端设备，提升载运工具的远程监测、故障诊断、优化控制等能力，同时推动自动驾驶与车路协同技术研发，鼓励物流园区、港口、铁路等运输站点广泛应用物联网、自动驾驶等技术，加强信息共享和业务协同。

其次是构建网络化传输体系。网络传输效率的核心驱动力在于数字基础设施的完善。因此，我们应当加强交通运输基础设施与信息基础设施的一体化建设，推动交通专网与"天网""公网"的深入融合，保证数据传输的高效性和稳定性。安全的信息传输方式也至关重要，一般数字化传输从两个方面完成。一方面是信息的加密和编码。工作人员在发送信息之前对信息进行特殊的算法处理，使信息加密。另一方面是信息的解码和还原。接收到信息后，工作人员需要将经过加密处理的信息还原，得到原始的数据信息。为了进一步完善全国高速公路通信信息网络，我们将积极推进车联网、5G技术、卫星通信信息网络等关键技术的部署与应用，力求构建一个多网融合、高效协同的交通信息通信网络。实现网络通信服务的广覆盖、低时延和高可靠性，从而显著提升网络化传输的效率与稳定性，为交通行业的智能化、信息化发展奠定坚实基础。

最后是构建智能化应用体系。其内容可细化为以下三个主要方面。

一是推动物流全程数字化，全力发展"互联网+"这一高效物流新模式和新业态，以加快实现物流活动全过程的数字化。这包括推进铁路、公路、水路等货运单证的电子化和共享互认，提供全程可监测、可追溯的"一站式"物流服务。

同时，各类企业也要加快物流信息平台的差异化发展，以推进城市物流配送全链条的信息共享。在此基础上，我们依托各类信息平台，加强各部门物流相关管理信息的互认，构建综合交通运输物流数据资源的开放共享机制。这样我们就能实现物流信息的全面共享，提高物流效率，降低物流成本，推动物流行业的持续发展。同时，全程数字化的物流模式也将为消费者提供更加便捷、高效的服务，提升消费者的消费体验。

二是推进出行数字化，推动交通、旅游等领域的信息全面开放共享，实现深度融合。平台型企业应进一步深化多源数据的融合，整合线上线下的资源，同时确保各类交通运输客票系统充分开放接入，从而为旅客提供个性化的全程出行定制服务。此外，我们还应积极推动"互联网+"便捷交通的发展，鼓励并规范智能停车、智能公交、网络预约出租车等城市出行服务新业态，满足大众的出行需求。

三是推动行业治理现代化，即应全方位地完善我国综合交通运输信息平台，提高政务服务、节能环保等关键领域大数据的应用效率，力求在数据处理方面实现从精确分析到精细管理，再到精心服务的全面升级。因此，我们必须构建一个以大数据为支撑的决策与规划体系，通过推动不同部门、企业和政府之间多源数据的深度融合，显著提高交通运输决策分析的能力和水平。在此基础上，我们还需进一步推进交通运输领域的"互联网+政务服务"，致力于实现政务服务在同一事项、同一标准和同一编码上的统一，这不仅有助于提高政务服务的质量和效率，还能为交通运输综合执法等系统的建设提供有力支持。在此过程中，我们应不断提高执法装备的智能化水平，如在线识别技术和非现场执法手段，进一步提升交通运输执法工作的便捷性和有效性。

三、医疗行业的数字化转型

医疗是重要的民生领域，它直接关系到人民群众的健康安危。随着大数据、5G、人工智能等新技术的快速发展，医疗逐渐走向数字化转型。现已出现了健康档案区域医疗信息平台，利用最先进的物联网技术，实现了患者与医务人员、医疗机构和医疗设备之间的互动。数字技术在医疗领域的应用可以实现医疗过程透明化、医疗流程科学化、医疗信息数字化和服务沟通人性化，提升医护工作效率，为数字医疗注入新活力。医疗行业的数字化转型必将掀起医疗领域的大变革，重塑医疗领域新业态。

传统的信息化技术程度不高的医院存在很多的问题，如患者就医不便、医护工作效率低、内部管理制度落后等。面对数字经济带来的新机遇，医疗的数字化转型迫在眉睫，这不仅是解决这些问题的好时机，还是重塑医疗行业的重大历史机遇。

首先，增强了患者就医的便利性。传统挂号方式是排队，这样不仅花费的时间长，而且效率也非常低，可能经常出现长时间排队后无号可挂情况。但是现在增设了手机预约挂号和医嘱查询等网上服务功能，只要病人或病人家属将住院号或者手机号输入到查询系统中，就能够查询从入院到现在所有的费用支出清单，而且还能查到疾病的具体情况，这使得就医难的问题得到了有效缓解。

其次，提高了医护工作的效率。通常，传统医院录入病人的关键信息时都采用人工笔录，纸质版存储病例内容可能会出现漏记或者管理不善的问题，导致无法进行信息共享和整合，从而难以支持跨领域的综合分析。随着移动互联网、大数据等新技术的发展，医院加入了电子病历的使用，电子病历具有查询方便、保存完整性高等优点，电子病历的使用可以利用信息化技术实现。在此过程中，利用计算机软件对病历内容展开实时保护和管理，使得记录方式更加合理，管理更加方便，避免出现病历内容丢失等现象。

最后，提升了医院内部管理制度。传统医院信息化系统虽然比较完善，但是设备的数据化应用和智能化改进进展较慢。常用的系统包括医院综合管理系统、医院信息系统、实验室信息系统、医学影像归档及传输系统、放射学信息系统、远程会诊系统和后勤能耗监管系统等，但整合度不高、数据不统一。整合的智慧医院系统平台具备消除不同系统之间壁垒和各种重复环节的能力，这既能极大地降低医院的运营成本，还在提升医院运营效率和监管能力方面起到了显著的作用。通过这种整合性的智慧医院信息系统，医院能够对包括就诊量、患者检查和出入院情况、医生的用药习惯、医保基金的使用状况、财务结余情况、后勤能耗以及运维费用等在内的涉及业务运作的每一项数据进行实时监控，实现对医院内部管理的合理优化。

我国的传统医疗资源的分配呈现不均衡的状态，地区之间的医疗资源差距较大，患者往往需要跨地域求医，这不仅增加了患者的经济负担，也浪费了大量的医疗资源，这一直是医疗领域发展的一个痛点。然而，随着 5G 时代的到来，这些现实中的就医难题似乎看到了化解的曙光。5G 以其独有的高速率、大连接、低延时的特性，成为世界各行业关注的焦点。在医疗行业中，5G 的应用将有望解决资源分布不均、跨地域就诊难的问题。5G 技术在医疗行业的应用，将主要体现在远程医疗、医疗影像、医院数字化服务及医疗大数据等多个方面。通过 5G 技术，医院的信息化建设将得到进一步提升，医疗服务将更加便捷和高效。同时，医疗大数据的处理和分析也将更加快速和准确，有助于医疗科研和临床应用。广大患者在医疗健康领域的获得感将得到显著提升，我国医疗事业的发展也将迈向一个新的高度。

"互联网+医疗"的健康服务模式，通过融合互联网与信息技术，实现了医疗信息查询、在线疾病咨询、电子健康档案、电子病历处方以及远程视频会诊等多种线上服务形式的整合，在疾病筛查、预防、风险评估以及诊后康复等关键阶段，均能有效发挥健康监控的作用。它不仅能优化医疗资源的配置，推动优质医疗资源的纵向流动，而且为人们提供更为便捷和高效的就医体验，成为现代医疗服务体系的重要支撑。

在 5G 技术问世之前，互联网难以全面满足基层医院的各项需求。然而，随着 5G 技术的广泛覆盖，基层医院与上级医院之间的交流变得前所未有的顺畅，涵盖了科室、病房、医疗单元乃至医生之间的对接。相较于 4G 时代，5G 技术下的远程会诊图像清晰度显著提升，切换反应时间大幅缩短，使得检查与影像信息得以实时共享。展望未来，5G 技术将会进一步推动医疗健康领域产生更多智能化应用，以满足广大百姓日益增长的健康需求。

医疗的数字化转型是将大数据、5G、物联网等新的信息技术融合到医疗行业，实现医疗信息共享的目的。传统的医疗模式在实际操作中暴露出了许多问题，这些问题导致了人们就医难、医疗资源分配不均等一系列后果。然而，数字医疗的兴起则有望改变这一现状。通过互联网技术，数字医疗能够将网民、医生和患者紧密地联系在一起，建立起一个高效互动的平台。在这个平台上，互联网医疗不仅可以利用其强大的数据分析能力，对大量的医疗信息进行深入挖掘和综合分析，还可以通过资源整合，将各种医疗资源进行合理配置，甚至是最优配置。

第三节　金融行业的数字化转型

一、数字金融的生态体系

在大数据和人工智能时代，对于金融业这种数据资源最密集的行业，毋庸置疑，也迎来了数字化的发展机遇。大数据、人工智能、云计算、区块链等新技术的不断渗透，使传统金融的生态体系发生极大的变化，加快了融合数字技术的创新发展，数字金融的生态体系便是数字科技与传统金融的深度融合的结果。

下面简单介绍支付、外汇、财富管理、保险、零售银行等数字金融生态体系中的金融服务。

"支付"一直是金融服务的重要领域，在数字金融的形成过程中，"支付"也发生了数字化转型升级。数字金融中的支付业务融合了大数据、区块链、云计算等新技术，其中使用大数据技术可以对海量的交易数据进行精准分析，使用云计算进行数据资源的汇总整合，打造出更为场景化和便捷的支付平台，还能开展其他相关业务。目前，阿里、腾讯推出的第三方支付等非传统金融支付方式，已经占据了很大一部分前端客户市场份额，如微信支付、支付宝等。可以说，谁掌握了支付端口，谁就会在金融市场中赢得先机，而银行由于很少推出这种快捷的支付方式，已经逐渐转变为支付的后端通道，而且随着区块链技术的发展应用，银行很可能还会失去支付后端通道。

在外汇领域，国家外汇管理局构建了跨境金融区块链服务平台。该平台不仅在国内金融领域中覆盖广泛，而且作为我国金融领域内由国家级监管部门主导并推动建设的区块链平台之一，其独特性和重要性不言而喻。平台的建立既方便了企业，也提高了银行开办业务的效率，有效缓解中小企业跨境贸易融资难问题，对城市外向型经济的发展也起到了促进作用。

在传统的出口贸易融资模式中，银行通常习惯于根据企业提交的各种线下纸质文件来进行业务审核，这种做法在很大程度上缺乏有效的核验途径。然而，随着科技的不断进步，如今有一些平台已经开始利用区块链技术来整合出口报关的各种数据。这些平台利用区块链数据不可篡改的特性，实现了"货物流、信息流、资金流"的三流合一，从而有效地推动了资金的"脱虚返实"。这将为银行在出口贸易融资中的真实性审核提供全新的渠道和手段,这无疑将极大地提高银行在此业务上的审批效率。

财富管理,即对客户的资产进行专业化的管理。通过向客户提供包括保险、投资在内的多元化金融服务,满足客户在不同阶段所面临的多样化财务需求。同时,注重降低客户的财务风险,确保资产的安全,最终帮助客户实现财富的增值。随着云计算、大数据、人工智能等新兴技术的应用,银行这种传统金融机构的财富管理业务已经向数字化的服务方式转移,不断创新商业模式,如利用数据分析提高投资准确性和实现客户个性化定制。以智能化投资顾问为例,借助云计算与大数据等技术,智能投资顾问能高效地捕获市场动态,结合投资者个人情况,运用精密算法为投资者提供量身定制的资产配置建议。此举革新了传统服务模式,具有成本低廉、操作简便的优势,有效规避了情绪化决策的干扰,实现了投资风险的分散化,保证了信息的透明度,让广大普通客户也能轻松享受到数字化金融服务的便捷与高效。

保险在金融领域可以称得上是一项比较传统的服务,但随着物联网、大数据等技术的迅猛发展,保险行业创新发展的步伐也跟着加快。金融的本质就是面对风险的跨期资源配置,因此,商业保险活动无疑是金融行为的一种体现。在保险业的变革过程中,金融科技可能会在根本上改变现有的商业保险模式,为保险业创新发展提供源源不断的动力。

互联网保险通过其提供的多样化销售和服务模式,极大地扩展了保险服务的可达性,使得保险的购买和使用不再受限于传统的线下实体网点。客户现在可以足不出户,通过网络平台,轻松快捷地获得保险产品和服务,这种便捷性不仅节省了客户的时间和金钱,也提高了保险服务的整体效率。同时,保险业通过充分利用线上渠道,不断推陈出新,创新保险产品和服务模式,满足了不断变化的市场需求和客户期望。在数字经济社会的浪潮下,保险行业正加速走向创新发展的道路。

在传统的银行业务中,零售银行一直是利润丰厚的领域。然而,近年来,随着金融科技创新企业的崛起,零售银行业务正面临着巨大的挑战。其中,银行实体网点的投资回报率逐渐下降、人力成本不断上升都是导致传统银行业务受到冲击的重要因素。零售银行服务的对象主要是消费者和中小企业,其业务特点是小额且分散，主要通过银行网点、自动取款机、网上银行等多种渠道进行。在当前的技术和制度环境下，科技与金融的深度融合正在推动零售银行向纯线上数字银行转型，这些数字银行不再设立任何物理网点，而是借助现代科技手段，通过远程开户等方式提供更为优质和便捷的金融服务体验。

如今，数字金融极大地提高了人们使用金融服务的便捷性，使得人们能够更加轻松地接触到各类金融服务。这种便捷性的提升，进一步推动了金融行业的数字化转型。

二、数字经济赋能金融行业发展

金融行业是一个很容易被技术牵动的行业，几乎每一次技术的进步都会使金融业随之发生变化，在如今的数字经济时代，数字技术也将给金融业带来伟大的变革。数字科技将在金融行业中得到充分应用，但这并不会使金融的本质发生变化，而是一定程度上大大降低金融的交易成本、创新交易方式和种类，最终实现金融行业的智能化、普惠化发展。

在数字技术的驱动下，中国金融业正快步迈入数字金融的新纪元。数字金融，即传统金融机构与金融科技企业运用数字技术相结合的新一代金融服务。在中国，数字金融展现出两种主要形态。一种形态是注重科技属性的形态，与金融科技理念相契合，通过运用移动互联网、大数据分析、人工智能、云计算等前沿技术，助力金融机构破解传统业务模式中的难题，这也是发达国家数字金融的主流趋势；另一种形态则更侧重于金融属性，与互联网金融概念相近，指的是互联网科技公司凭借数字技术，提供以移动互联为特色的替代性金融服务，以填补传统金融服务的空白。

中国金融的数字化转型经历了几个不同的发展阶段。

第一个阶段，始于 20 世纪 90 年代，是传统金融机构的互联网化过程。在这个阶段，中国的商业银行开始尝试将互联网技术融入金融服务中，以提高服务效率和质量。这一过程主要体现在商业银行大力推行后台服务的信息技术化，即利用信息技术手段，优化和提升银行后台运营管理和服务水平。比如，商业银行通过引入自动取款机、网上银行、手机银行等多种服务终端，向广大用户提供便捷、高效的金融服务。1988 年年底，中国工商银行在上海推出自动取款机；之后，中国银行和招商银行在国内率先推出网上银行，同时推广借记卡和信用卡支付。当时人们就发现，数字技术不仅可以帮助金融机构提高工作效率和降低服务成本，而且能够突破其物理服务网点和营业时间的限制，从而加快资金融通的速度，给用户带来便捷省时的服务。但这一阶段的数字金融主要集中在简单的业务咨询、存取款、支付等基本的金融服务，用户和金融机构的连接相对薄弱，所以用户信息和金融交易数据的价值没有得到充分体现，仅仅反映在账户安全保障和金融产品销售方面。

第二阶段是中国互联网金融时代，在此期间，金融科技企业如蚂蚁金服、腾讯金融等纷纷崭露头角，提供了一系列服务，涵盖移动支付、借贷、财富管理、保险以及众筹等领域。自2012年起，点对点网络借贷、众筹等新兴模式迅速崭露头角，推动了互联网金融领域的创新热潮。在支付领域，中国第三方移动支付以其高效、低成本的交易特性受到广泛认可；而在网络借贷领域，数字技术的应用有效简化了流程，降低了风险。互联网金融的发展对于降低中小企业对内部现金流的依赖、缓解外部融资约束，以及解决融资难、融资贵等问题，均起到了积极的作用。

这一阶段互联网金融的发展弥补了用户与金融机构连接相对薄弱的劣势，金融服务与人们的衣食住行等生活场景紧密结合，从而使人们更加积极地参与各种金融类产品和服务。在互联网金融发展过程中，我国许多企业逐渐致力于研究人工智能、云计算、区块链等前沿技术，这对于数字技术和传统金融的结合也有显著的帮助，创新出了许多金融服务类产品。可见，我国金融的数字化转型逐渐显示出了强大的发展优势，对于驱动全球金融科技进步和市场发展提供了新动能。

互联网金融的蓬勃发展，有力推动了中国金融行业的数字化转型，引领中国金融步入第三个发展阶段——数字金融时代。2013年，"余额宝"的诞生，标志着这一时代的来临。在这一进程中，具有中国特色的数字金融产品层出不穷，不仅深刻改变了金融业的传统格局，还在全球范围内引发了广泛的关注和讨论。金融数字化以先进技术和海量数据为驱动力，以健全的信用体系为基础，通过优化流程、降低运营成本，显著提升金融服务效率，实现金融的普惠性。与此同时，商业银行等传统金融机构积极拥抱金融科技企业，与之开展深度合作，共同推进数字化转型进程，致力于打造数字化、智能化的金融服务平台，以满足人们日益增长的金融服务需求。

由于目前商业银行在中国金融体系中仍然处于主导地位，是提高金融服务实体经济效率的关键，并具有服务集团客户的经验和流动性风险管理的优势。因此，以商业银行为代表的传统金融机构全面拥抱数字金融，就意味着中国的金融业开始进入数字金融时代。

从金融一步一步走向数字化转型可以看出，金融科技并不是突然产生的新事物，而是随着数字金融的发展而不断创新的。也就是说，技术创新与金融创新始终紧密地相连。数字金融发展以来，传统的支付业、财务管理业、保险业、消费金融业等金融服务发生了重大转变，国家积极投入大量资金将数字技术应用到传统金融业务服务中，不断促进金融的数字化转型，实现金融与科技的深度融合，从而带动金融企业与科技企业的进一步融合。

近年来，随着智能化应用的蓬勃发展以及信息化建设投资力度的不断加大，中国保险企业也开始显著增强对保险科技的投入。其中，头部保险企业和互联网保险公司更是迅速布局，以中国平安、中国人寿、中国太保、中国人保等为代表的大型保险机构，纷纷将"保险＋科技"战略置于核心地位，并积极设立保险科技子公司，以推动科技与保险业务的深度融合。新技术对于传统保险行业来说，有效扩展了场景数据边界，丰富了保险数据化场景，全面实现全域数据化，促进了保险行业的数字化转型。

在消费金融业务领域，金融科技的有效使用主要体现在使平台更好地利用其业务中产生的数据，定制和优化其产品模型和风控模型，从而降低坏账风险、满足用户需求。

随着数字技术的不断革新，智能客服等技术将逐渐替代传统金融业务中的流程化、重复性的人力工作。智能客服不仅可以提供 24 小时的不间断服务，而且极大地降低错误率。另外，用技术替代人力大大降低了人工服务成本的投入。

进一步来说，金融的本质就是服务实体经济，是与人们的日常生活和生产紧密结合的。真正将金融与生活生产融为一体，对普通消费者而言，金融不再是冷冰冰的金融产品，而是支付宝、余额宝、花呗、芝麻信用这样已成为家常便饭的生活助手；对企业来说，尤其是中小型企业，数字金融增加了实体经济的融资渠道，通过大数据技术获得客户的数据信息，并以此甄别客户的信用状况和经营状况，不需要资产抵押就可以为他们提供相应的金融服务，有效解决长尾人群融资难的问题。可见，数字金融降低了实体经济获得金融服务的成本，低门槛、低成本的金融服务成为万众创新大众创业的保障。

近年来，中国数字金融走在世界前列。无论是传统银行的数字转型，还是新型互联网企业发展起来的数字金融系统，都为农业、小微企业、创新型企业、供应链企业提供了之前难以提供的服务，都能更好地服务于实体经济，对实体经济的发展、复苏和转型提供强大的助力。

三、数字金融监管模式的创新

数字金融作为一种新的金融生态体系，它的健康发展离不开管理者的监管。数字金融来势迅猛，其天生的优势会给金融发展带来机遇和变革，但其监管也会同时面临许多的挑战，一旦监管不当，随之而来的就是巨大的破坏性。鉴于金融科技的快速发展，各国政府正积极调整数字金融的监管模式，以确保数字金融在健康、稳定的轨道上持续进步。

（一）我国数字金融监管的现状

我国的数字金融服务业务正步入高速发展的新阶段，呈现出多样化的业务种类与庞大的业务量，数字金融业务已逐渐演变成一种广泛应用的盈利途径。当前，我国证券交易已基本实现全国联网，网络炒股的现象变得更加普及。与此同时，传统金融机构也在各地构建起局域网。互联网的迅猛发展为我国金融业注入了新动能，不仅极大地提升了客户服务的便捷性，还有效降低了金融运营的成本。

然而，我们也必须正视与金融安全密切相关的严峻挑战。举例来说，非法入侵金融机构网络系统、对金融组织数据库进行恶意攻击，以及通过网络手段窃取他人股票、金钱的行为时有发生，这些现象对数字金融监管提出了更高的标准，致使国家金融安全承受了巨大的压力。

在对数字金融的监管方面，由于数字金融发展不均衡，而且不同金融科技类别的监管存在较大的差异，各个国家和地区对数字金融的界定尚未达成共识，我国的数字金融监管模式也没有与金融科技智能化、技术化同步发展，相应的治理和法律机制还不成熟。

首先，鉴于我国互联网金融的迅猛增长，现有的监管措施和手段相对滞后，难以有效应对互联网金融领域涌现的问题。同时，国际上互联网金融的发展状况并未为我国提供充分的可借鉴实践经验，导致我国在互联网金融监管方面缺乏完善的法律框架和行业规范。

其次，当前众多金融机构选择与科技公司合作，以推动网络金融业务的发展。然而，这一合作形式在监管政策中存在一定的盲区。关于金融隐私保护和银行秘密保护的法律体系尚未健全，且多数商业银行在隐私保护方面缺乏明确的声明，这可能导致客户因权益保障不足而降低对网上金融服务的需求，进而对我国数字金融业的稳健发展构成制约。

最后，我国在数字金融业务的市场准入监管方面采取了较为严格的措施，仅允许符合条件的金融机构开展相关业务。这一做法虽能有效防控风险，但也在一定程度上限制了数字金融业务的创新与发展。

从当前的监管内容来看，金融监管依旧聚焦于对机构审批与经营合规性的严格把控，而对企业的风险监管则显得相对薄弱。当前市场退出机制主要依赖于撤销和破序等手段，这些问题的解决往往依赖于政府和中央银行的行政干预，这不仅导致国家财政和中央银行承受巨大资金压力，同时也为市场带来了不稳定因素。在监管范围上，现有体系过度侧重于国有商业银行，而对其他银行和非银行金融机构的监管力度相对不足，尤其是对新兴的网络银行，监管仍须加强。这种监管内容和范围的局限性，无疑削弱了监管工作的实际效能，使得监管工作难以精准有效。因此，结合我国当前的金融环境，对数字金融进行适度的监管显得尤为必要。

（二）其他国家数字金融的监管模式

美国金融监管正不断加强协同性和统一性，对金融机构实施联合执法，罚款力度显著且具有强烈的惩罚性和目的性，旨在确保金融市场的规范与公正。其刑事诉讼制度赋予执法者充分的自由裁量权，对金融机构的违规行为将予以严厉惩治。然而，对于数字金融监管，美国则采取谨慎而宽松的政策，其企业市场准入门槛较低，并允许现有金融机构直接开展相关业务。由此可见，美国模式旨在推动数字金融的快速发展，政府采取不过分干预的态度，同时通过补充法规来确保其安全稳健发展。

欧洲在数字金融监管方面则采取了独立监管的方法。欧盟成员国的监管机构遵循统一标准，为数字金融提供了清晰的法律环境，并致力于保护消费者权益。

英国作为金融科技领域领先的国家，在鼓励创新的同时，也高度重视风险防范。它采用了适度性监管模式，既保证了金融科技的创新活力，又有效降低了潜在风险。

亚洲金融强国同样认识到了金融科技的价值，在积极推动其发展的同时，也出台了相应的监管政策。这些政策旨在确保金融科技的健康发展，维护金融秩序的稳定。

（三）完善我国数字金融监管的建议

在数字金融监管领域，我国可审慎借鉴上述国家的监管模式，并紧密结合我国经济发展的多元化需求，适时制定并调整数字金融监管的新法规，确保我国金融监管体系能够灵活适应并有效推动经济的持续发展，以达成促进经济繁荣和金融稳定的总体目标。

首先，为确保数字金融的稳健发展，应确立统一监管体制，并致力于构建和完善一套具有前瞻性的法律法规体系，以全面加强对数字金融业务的规范与监管。在当前金融产品延伸、金融服务信息化和多元化以及新金融产品销售渠道不断拓展的背景下，数字金融所涉及的法律问题日益复杂和广泛，这促使金融业由"专业化"逐步向"综合化"转变。这一转变使得传统的分业监管制度面临严峻挑战，因此，构建一个行之有效的法律框架成为数字金融监管的迫切需求。基于上述考虑，监管体制应由"机构监管型"向"功能监管型"转变，以更好地适应数字金融的发展趋势。我国在数字金融法制建设方面存在明显的滞后，这主要体现在法律体系的不完善以及法律制定难以紧跟社会环境的动态变化，从而在一定程度上阻碍了社会的进一步发展。因此，我们必须加快步伐，对现有法律条款进行必要的修订或重新制定，以确保其能够适应并促进数字金融的健康发展。

其次，金融机构应高度重视自我管理与规范，确保监管与自律的紧密结合。鉴于数字金融的特性，我们必须摒弃单纯依赖监管当局制定规范的传统模式，应转而充分依托金融企业和科技企业的自我管理与规范能力。这一原则是数字金融环境下，政府与企业必须共同遵循的基本原则。投资者的权利应当得到市场机制的保护，而对其保护应当从个人数据权属关系出发，形成政府、机构和市场三者统一的个人数据保护机制。对此，政府部门需要加大教育和引导力度，使投资者认识到个人的行为数据将决定自身未来的信誉画像，将作为本人信用的凭据。监管当局应高度重视并致力于推动金融机构强化内部管理，积极扮演数字金融发展的促进者和协调者。在采取切实有效的内控措施的同时，金融机构要能够在健全的内部控制体系下，敏锐地察觉并防范各类潜在风险与隐患。事实上，尽管外部监管行为对于揭示风险具有一定作用，但要想真正能够减少乃至避免风险的发生，关键在于金融机构自身的防范与应对能力。

最后，加强金融监管的国际性合作与协调显得尤为重要。数字金融作为一种无须跨国设立分支机构即可实现业务跨境拓展的新型金融组织形式，其国际化发展步伐日益加快。因此，金融监管的国际化趋势也愈发明显。为确保金融市场的稳定与健康发展，未来的金融监管工作必须依赖于各国之间的紧密合作与协调，所以我国要积极加强数字金融条件下金融监管的国际性合作与协调。目前，越来越多的机构将直接面对海外司法管辖与监管检查，建议在跨境数字金融事务中，探讨建立各国监管机构互惠协作机制与相互委托协查本国金融机构相关事项的实施方案，通过签署谅解备忘录、共享信息、跨境监管、合作治理等方式，携手维护和谐稳定的国际金融市场环境。这对于数字金融正处于快速发展阶段的我国尤为重要，面对数字金融国际化程度的加深，我们只有积极地进行金融监管的国际性合作与协调，才有助于我国数字金融健康稳步地发展。

第四节　事业单位财务的数字化转型

数字经济背景下，事业单位财务工作应用大数据技术的场景越来越广泛，事业单位财务工作向数字化方向转型已是大势所趋。事业单位需要在全面梳理财务流程和制度的基础上，查找与财务数字化转型不适应的管理短板与不足，并在财务工作中引入大数据技术手段，不断完善和优化财务管理工作。大数据、云计算、人工智能技术的应用普及，对事业单位财务管理质量提出了更高的要求，然而，事业单位财务在预算管理、制度建设、业财融合、信息安全、队伍建设等方面还存在许多问题。各单位需要紧跟数字化技术发展趋势，加快财务数字化转型进程，以此补齐当前财务管理短板，提升财务管理效率和履职能力，更好地服务社会，服务人民。

一、事业单位财务数字化转型的意义

（一）有助于提高财务管理效率

大数据技术可有效消除事业单位内部信息不对称、数据信息无法互联互通的问题，这对于提升单位财务管理效率具有重要意义。一是有助于提高数据信息采集效率。通过构建业财一体化平台，可全面、及时采集业务、财务等各部门多项数据信息，经过数据分析与评估，有效判断财政收支是否合规，财政预算与单位实际需求是否相符。二是有助于提高风险防控效率。利用数据模型及其相关应用软件，在线监测财政资金使用进度、使用方向，及时识别资金运用风险，将风险从"事后处理"转变为"事前预防、事中管控"。三是有助于提高事务决策效率。财务数字化转型后，事业单位可利用其数据采集与分析功能为管理层制定经济决策提供依据。

（二）有助于提高履职水平

财务数字化转型对事业单位高质量履行社会及单位内部管理职能具有积极作用。一是提高社会服务水平。利用财务系统数据核算和分析功能，合理调配公共资源，既可以有效防范国有资产流失或浪费，又可使有限的资源为社会各项公共管理事务提供更好的服务。二是提高内部管理水平。利用财务系统数据监督和预警功能，实时掌握事业单位资金使用进度及使用方向，促使单位严格执行预算管理，规范使用财政资金，有效提升内部控制工作的统筹管理能力。

二、事业单位财务数字化转型存在的问题

（一）预算管理体系不完善

随着预算一体化改革的稳步推进，事业单位原有的预算管理体系已满足不了新形势下财务工作的需求，无论是预算项目编制，还是预算项目储备，都会涉及

海量的财务和非财务数据信息,这就需要各单位结合新预算法及管理实际,重新构建适合本单位的预算管理体系。

(二)内部控制机制不健全

根据《政府会计准则》的要求,事业单位对经济事项需要实行"双核算""双报告"模式,通过平行记账方式实现财务会计与预算会计的统一和衔接,全面反映事业单位的预算资金收支情况,防范资金管理风险。由于新会计准则下的财务核算工作涉及财务和预算两个层面的数据信息,这就加大了财务核算难度,需要各预算单位根据新准则的要求重新构建财务内控机制。但是,部分单位数字化技术应用能力相对不足,财务和预算数据整合水平有限,经济风险防范体系也较为脆弱,以至于财务内控机制依然与新会计准则要求存在较大差距。

(三)信息管理制度不够完善

目前,部分事业单位已经构建了信息储存安全管理、财务在线监督、财务风险预警等与信息化相适应的财务信息管理制度,在很大程度上确保了信息化技术应用环境下财务工作的良性运转。随着数字化技术在财务管理中的逐步应用,财务数据信息的采集、分类,以及业务与财务的交互方式均已发生深刻变化,需对现有的信息管理制度进行优化和完善。然而,由于数字化技术应用尚处于起步阶段,虽然单位在操作层面开展了大量的实践探索,但其信息管理工作大多处于被动状态,信息管理制度建设并未同步启动,导致现有的财务信息管理制度与数字化应用场景下的信息管理要求存在差异。

(四)业财融合不够充分

业财融合指的是事业单位通过数字化技术手段,打通财务与业务部门之间的数据信息壁垒,形成业财一体化数据信息系统,从而便于财务部门采集、整理和分析数据,为单位经济活动决策提供信息依据。当前,受部门利益分配不均、人力资源有限等因素的影响,部分事业单位的业财融合进程较为缓慢,财务与业务依然处于相对分离的状态,财务、业务之间的融合度远达不到预期,财务对业务活动的指导监督能力有限。

（五）财务数据信息不够安全

事业单位财务数据信息是国家经济运行、财政资金分配、民生资金运用信息的综合反映，确保信息安全既是国家经济数据安全管理的要求，也是财务工作的基本责任。过去，事业单位财务数据信息通常在单位闭环系统内传递与运行，信息相对较为安全。但在数字经济环境下，单位预算管理、财务核算、报表统计等功能大多采用云技术或信息系统平台，互联网的开放性扩展了信息的公开和透明程度，在数据信息共享或传递过程中，受计算机病毒、黑客攻击等因素影响，数据信息存在泄露或丢失的风险。

（六）财务队伍现状与数字化管理需要不够匹配

数字经济背景下的财务工作，不仅需要财务人员具备财务核算、报表等专业领域的知识和技能，而且还需要财务人员具有跨领域、跨专业的知识储备和操作技能，比如要具备财务系统开发与维护、数字化系统应用操作、数据建模与分析等数字技术应用能力。目前，事业单位财务人员在数字化知识和技术应用方面与数字化转型的需要还存在较大差距，虽然事业单位已通过举办短期培训班、实地观摩等方式提升财务人员数字化技术应用能力，但是部分财务人员对数字化技术应用的重要性缺乏认识，导致其对财务新业态、新模式的应用存在抵触心理，加大了单位财务数字化转型的推进难度。

三、事业单位财务数字化转型建议

（一）建立数字化预算管理体系

长期以来，受数据联网功能不完善、信息化技术条件限制等因素影响，事业单位的预算编制、调整、监督和评价工作多依赖于财务人员手工操作和主观经验，这极大制约了预算管理效率的提升，因此，建立数字化预算管理体系显得尤为关键。一方面是实现系统对接。当前，预算一体化编制工作在各事业单位有序启动，各预算单位必须在统一系统平台进行预算编制，这就需要预算单位将本单位预算管理系统数据进行清理移植，并与财政部门的预算管理一体化系统平台进行完全对接，实现数据信息互联互通，并按照财政部门和主管部门制定的流程、规则和要素，统一在系统上进行预算编制工作。另一方面是强化项目管理。预算项目是单位预算编制的依据，项目资金预测、评估和可行性论证工作涉及的数据信息较为全面，传统的预算管理体系较难适应预算数据采集与分析的需要，而通过预算管理一体化系统进行项目入库、审核等操作，可提升项目库管理质量。

（二）健全智能型内部控制机制

随着大数据、云计算等数字技术在财务内部控制体系中的应用，财务内控已逐步实现从人工管控到智能化管控的转型发展。智能型财务内控机制要在财务管理中发挥出重要作用，就需要事业单位从以下两个方面入手。一方面是通过引入数字化技术手段提高财务人员工作效率。财务决策、财务风险管控以及财务数据传递不再依赖人工操作，而是通过系统或相关软件的运行完成财务流程操作，实现操作流程自动化。另一方面是提升财务风险控制能力。财务风险控制是内部控制体系的重要职能，针对传统手工模式下财务舞弊、财务造假等难以得到有效遏制的问题，通过在数字化系统平台中设置规范化的审批流程，为不同操作层级财务人员设置不同的审批权限，确保不相容岗位分离，形成相互监督、相互制约的岗位体系，则可从源头防范腐败问题的产生。

（三）制定信息管理制度

数字化背景下的财务数据信息管理难度不断加大，构建与数字化相适应的信息管理制度能够帮助事业单位保障经济数据安全，帮助事业单位在数据安全环境下有序开展日常经营活动。一方面是强化顶层设计。各单位主管部门要统筹本系统财务信息管理制度的制定工作，通过顶层设计的方式构建与本单位、本系统信息管理相适应的制度框架，确保系统内数据信息一体化管理，这既能方便主管部门对各单位财务信息的汇总、分析与监督管理，也能让下属单位有章可循，避免各自为政或管理内耗。另一方面是加强考核评价。主管部门要根据本系统数据信息安全管理要求，建立财务大数据风险管理奖罚制度，通过加大对下属单位日常信息管理行为的奖罚力度，督促各单位规范和约束信息管理行为，提高风险预警能力。

（四）搭建共享型业财融合平台

由于不同部门所采用的编码规则和技术规则无法兼容，事业单位财务信息系统仍无法实现业财数据识别和共享。为打通财务与业务之间的数字信息壁垒，各单位需在数字化技术支撑下搭建共享型业财融合平台。一方面是利用共享型业财融合平台提升数据采集能力。该平台既能支持财务核算和报表生成，还能对资产、人事、采购等业务数据进行清洗和转换，并生成标准化、结构化数据信息，方便财务部门对业务数据的采集与运用，从而形成财务与业务协同办公的业财融合氛围。另一方面是利用共享型业财融合平台提升资金申请审核效率。利用共享型业财融合平台，业务部门在提出项目资金支出申请时，只需根据系统提示输入相应的数据信息，财务部门便可及时接收到业务部门的申请信息，并在系统中完成资金审核、资金拨付以及资金使用进度监测等工作。

（五）完善数据信息管理流程

大数据背景下，事业单位财务数据信息出现泄露或丢失不仅会引发财务风险，也可能损害社会公众利益。建立严格、规范的数据信息管理流程，才能为财务数据信息提供一道"安全屏障"。一方面是采用数据加密措施。在系统平台设置不同级别用户权限，防范用户越级访问或非法传输、下载所带来的数据信息泄露风险；通过系统登录留痕方式，构造"下可追踪、上可溯源"的数据信息安全管理模式，系统数据信息是否被篡改、下载或传输，都可通过系统后台进行查询。另一方面是采用数据备份技术。采用磁性介质备份或异地数据库备份等方式确保数据安全，防范黑客攻击、电脑病毒伪造、篡改数据信息，确保数据存储安全。

（六）打造复合型财务人员队伍

复合型财务人员不足是事业单位财务数字化转型亟待解决的问题。事业单位可通过培养与引进相结合的方式，加快数字化人才储备，解决人才不足等问题。一方面是对财务人员实行全覆盖式培训。根据财务岗位特点设置不同培训内容，对不同岗位财务人员进行不同内容的教学培训，重点培训数字化应用系统操作、数据模型分析、数据采集等基础技能，并通过考试考核的形式检验培训效果，以全面提升现有财务人员的综合能力。另一方面是拓宽复合型人才引进渠道。通过招聘、委托、借用等方式引进懂财务、懂数字化技术的复合型人才，加快推进财务队伍的升级。

四、事业单位财务数字化转型的实施路径

（一）推动事业单位财务管理的数字化转型

在当前的数字经济浪潮下，金融经济数字化管理正紧密贴合社会发展的脉搏，促使事业单位财务管理迎来一场变革。财务管理所涵盖的投资决策、资金筹措、营运资金以及利润的合理分配等方面，均受到了深远影响。为了适应这一变革，事业单位财务管理必须与时俱进，与计算机技术深度融合，以实现更高效、更高质量的管理效果。这对管理人员也是新的挑战，但同时也为他们提供了广阔的机遇。因此，管理人员应不断加强学习，提升自身能力，而高层决策者则需通盘考量，积极推动财务管理的转型与发展。

1.数字经济背景下事业单位财务管理面临的挑战

（1）技术革新对传统财务模式的冲击

数字化时代的核心是信息技术的快速发展和广泛应用，如大数据、云计算、人工智能、区块链等。这些技术不仅改变了财务信息获取、处理、传递、分析和利用的方式，也对财务管理理念、方法、流程、功能和组织等方面提出了新的要求，给传统财务模式带来一定冲击和挑战。

首先，技术革新对财务管理理念和方法提出了新要求。传统财务管理理念和方法是以会计核算为基础的，以财务报告为主要输出方式，以财务监督和控制为主要功能，以财务规范和标准为主要依据，以财务人员为主要执行者。然而，在数字化时代，财务管理需要从会计核算向业务场景转变，从财务报告向数据分析转变，从财务监督和控制向财务支持和服务转变，从财务规范和标准向财务创新和优化转变，从财务人员向财务团队转变。这就要求财务管理者树立新的发展理念，运用新的管理方法，实现财务管理的价值创造和价值驱动。

其次，技术革新对财务管理流程和功能提出了新要求。传统财务管理流程以财务计划、财务执行、财务核算、财务分析和财务评价为主要环节，以财务预算、财务报告、财务审计和财务评估为主要功能。然而，在数字化时代，财务管理流程需要从线性向非线性转变，从静态向动态转变，从分散向集中转变，从人工向自动转变。同时，财务管理功能需要从财务预算向全面预算转变，从财务报告向财务信息转变，从财务审计向财务监控转变，从财务评估向财务优化转变。这就

要求财务管理者优化财务管理流程，拓展财务管理功能，从而实现财务管理效率和质量的提高。

最后，技术革新对财务管理组织和人员提出了新要求。传统财务管理组织以财务部门为主体，以财务人员为主力，以财务专业知识为主要技能。然而，在数字化时代，财务管理组织需要从单一向多元转变，从封闭向开放转变，从层级向平台转变，从垂直向水平转变。同时，财务管理人员需要从财务专家向财务通才转变，从财务操作向财务分析转变，从财务技能向数字技能转变，从财务思维向数据思维转变。这就要求财务管理者积极革新财务管理组织，培养数字化财务管理人员，从而实现财务管理的协同创新和智能化发展。

（2）数据安全和隐私保护问题

数字化时代的一大特征是数据海量多样。数据成为事业单位的重要资产，也成为财务管理的重要依据和工具。然而，数据获取、存储、传输、分析和利用等过程也面临着数据安全和隐私保护问题。

①数据泄露

数据泄露会导致数据价值流失，个人或组织利益受损，甚至引发法律纠纷和社会危机。事业单位财务管理涉及大量敏感数据，如财务数据、预算数据、审计数据、绩效数据等，一旦发生数据泄露，会严重影响事业单位的财务稳健性和公信力，甚至危及社会和国家的安全。

②数据伪造和篡改

数据伪造是指数据被虚构或伪造，而数据篡改是指数据被擅自或恶意修改或删除。数据伪造和篡改会导致数据的真实性和有效性受损，个人或组织的决策和行为被误导，甚至引发道德和法律的争议和责任。事业单位财务管理依赖于数据的准确性和可靠性，一旦数据被伪造或篡改，会严重影响事业单位的财务规范性，甚至违反国家法律规定。

③数据滥用

数据滥用是指数据以超出其合理或合法范围或目的的方式被使用，是数据的过度或不必要使用。数据滥用会导致数据的合理性和合法性受损，个人或组织的权利受到侵害。

2.数字经济背景下事业单位财务管理的转型路径

(1)全面提升对"财务数字化管理"的认知程度,明确转型目标

在数字经济的大背景下,事业单位转型之际,领导层必须深刻领会"财务数字化管理"的精髓,明确转型过程中的关键提升点。当前,数字化升级之所以必要,是因为先进的业务模式与落后的财务管理制度之间存在明显的不匹配。但盲目地推进转型可能会阻碍单位的长远发展。因此,领导层应当深入研究数字经济的特性,掌握财务数字化管理的核心模式,并系统地规划转型期间及后续的工作流程,以确保转型的顺利进行和单位的持续发展。具体而言,财务管理工作应服务于社会的整体利益。在事业单位推进数字化建设的进程中,财务管理工作也应积极探索数据标准化、系统同构化、流程自动化和服务智能化的相关建设。

(2)围绕财务管理数字化转型期间可能出现的风险制定应对方案

①转型期间财务人员方面可能出现的风险

事业单位财务管理数字化转型期间,面临的首要财务风险在财务管理人员上。在数字经济时代背景下,跨领域多元合作成为常态,这就要求财务人员迅速适应这一大趋势。传统财务人员通常仅需掌握基本的计算机操作技能,然而在数字经济时代,他们必须精通智能财会管理软件的操作与运维知识,并能高效在线整合财报数据。这种转变无疑增加了他们的工作压力,可能导致部分财务人员出现"不适应"的情况。若缺乏有效的应对机制,事业单位财务管理数字化转型的进程可能会受到阻碍。

②财务管理工作流程转变导致的风险

事业单位在财务管理工作转型时,应确保全面性和系统性的提升。若工作流程依旧维持旧有模式,那么这种转型仅是形式上的,数字化转型的实质意义将无从谈起。然而,若要进行深层次的、彻底的改革,则必然伴随着一定的"阵痛"。以财务管理工作流程为例,从传统的纸质报表上传数据转变为通过智能管理系统实时向云端上传数据。这一转变虽具有前瞻性,但也可能因相关培训不足而导致初期混乱。在这一阶段,财务管理工作可能会面临停滞的风险,甚至造成不小的损失。因此,事业单位在推进财务管理工作流程转型时,必须充分预见并准备应对可能出现的风险,确保转型的顺利进行。

③知识层面及配套资金使用层面面临的风险

大数据、物联网、云技术和人工智能，这些均构成了数字经济时代的核心技术支撑，它们有潜力在瞬息万变的市场中催生全新的产品与服务。正如智能手机迅速替代传统手机所展现的变革速度，事业单位的财务人员也可能在不经意间发现，财务管理的流程与所使用的智能软件已步入新的纪元。因此，在事业单位向数字化转型的过程中，确保全体人员的知识储备与时俱进显得至关重要。为实现这一目标，定期的培训不可或缺。知识传递与配套设施的完善是成本不菲的投资，因此事业单位需精心策划成本预算，确保数字化转型的顺利推进，避免因资金短缺而阻碍数字化转型。

3. 事业单位财务管理在数字化转型过程中应该遵循的原则

（1）统一规划、分步实施

财务管理数字化转型要坚持"统一规划、分步实施"的原则。所谓"统一"，即要求财务管理与事业单位同步进行转型，以更好地服务于业务经营。在明确了转型方向后，应循序渐进地实施：第一，对管理人员进行数字化技能培训，包括智能财务软件的操作等；第二，要确保财报数据的定期披露，同时保障信息安全，避免泄露敏感信息，并严格设定相关人员的权限，确保数据的安全性和准确性。

（2）精简业务流程，优化管理

在业务运营的推进过程中，对于财务管理领域的考量，我们建议引入全面预算管理体系等，以精准重塑业务周期内资金运用的流程。具体而言，一旦项目获得审批，从资金拨付至项目实施的每一个环节，资金的使用情况都应由专业的财务团队进行严密追踪。每笔资金的流动都应在智能管理系统中得到清晰、准确的记录。通过此举，传统财务管理中可能存在的模糊地带将被彻底消除，进而为单位财务管理水平的显著提升奠定坚实基础。

（3）转变财务职能

在数字经济时代，为满足财务管理的新要求，事业单位的组织结构呈现出线上与线下并行的态势。从财务管理的视角出发，这种组织结构的变化有助于上级部门更全面、细致地把握事业单位的财务动态。财务管理不仅限于财政资金的支出管理，更需要对潜在风险进行科学防控。在此背景下，事业单位财务管理的数字化转型至关重要，必须遵循财务职能与时代同步的原则，为事业单位的内部财务管理和风险防控提供坚实的保障。同时，财务部门需针对各类风险隐患制定详尽的预案，以最大限度地减少风险带来的负面影响，避免造成不必要的经济损失。通过这一系列的努力，事业单位将能够更有效地应对数字经济时代的挑战，确保财务管理的稳健运行。

（4）财务手段信息化

事业单位在日常运营中会产生庞大的财务数据，这些数据的处理效率往往受到制约，导致财务信息的时效性不足。因此，在财务管理数字化转型的进程中，事业单位应坚守财务手段信息化的原则，充分利用现代信息技术，强化价值管理，以实现财务管理的科学化和精细化。这不仅会极大提升财务数据处理的速度，还能确保财务信息的及时反馈，为事业单位决策提供有力支持，有效防范决策失误的风险。此外，财务手段的信息化发展不仅有助于减轻财务人员的工作压力，还能为会计核算工作带来便利，进一步凸显财务预测的实际作用和价值。财务手段信息化将显著提升财务管理工作的效率和质量，实现对财务数据的全面管控和充分利用。

在数字经济时代，事业单位财务管理工作的全面转型已是大势所趋。无论是主动寻求转型，还是被动接受变革，都必须实现"财务透明化管理"的建设。这源于数字经济时代的特性——在大数据分析技术的推动下，除了极少数机密信息外，与公众利益密切相关的信息必须公开透明，否则将难以获得社会大众的认可和支持。

4.信息技术发展条件下财务管理的有效措施

（1）加强数据标准化及数据共享

数据标准化是指建立统一的数据定义、数据格式、数据质量、数据安全等规范，以保证数据的一致性、可比性、可交换性和可利用性。数据共享是指在符合数据安全和数据隐私的前提下，实现数据在不同部门、不同层级、不同系统间的有效流动和互通利用。数据标准化和数据共享是实现财务管理数字化转型的基础和前提，也是提高财务管理效率的重要途径。

首先，事业单位应参照国家和行业的数据标准，制定符合自身特点和需求的数据标准，统一数据的命名、编码、分类、计量、存储等规则，规范数据的生产、传输、处理、存储、使用等流程，提高数据质量。

其次，建立数据共享制度和平台，明确数据的共享范围、共享方式、共享责任、共享效益等，打破数据孤岛，实现数据横向和纵向的互联互通，提高数据价值。

最后，保护数据安全和隐私，制定相关的政策和技术措施，防止数据泄露、篡改、滥用等，保障数据安全。

例如，事业单位可以建立基于云计算的财务数据中心，通过数据采集层对各个业务系统的数据进行统一采集、清洗、转换、入库等，形成标准化的数据仓库。数据中心通过数据服务层，对外提供数据查询、分析、展示、推送等服务，实现数据共享。同时，数据中心通过数据治理层，对数据质量、安全、隐私等进行监控、评估、报告、改进，以保障数据的可信度。

（2）推进财务信息系统集成

财务信息系统是指利用信息技术对财务数据进行采集、处理、分析、传递和利用的系统，是财务管理数字化转型的载体。财务信息系统的集成和智能化转型是指利用云计算、大数据、人工智能等新一代信息技术，实现财务信息系统与业务信息系统的深度融合，进而提高财务信息系统的自动化、智能化、协同化和创新化水平。

首先，事业单位需加快对财务信息系统的建设升级，完善财务信息系统的功能和性能，使之满足财务管理的基本需求，如财务计划、财务执行、财务核算、财务分析、财务评价等。

其次，加强财务信息系统的集成，实现财务信息系统与业务信息系统的数据对接和业务协同，推进财务管理的业务场景化和业财融合。

最后，推动财务信息系统的智能化，利用机器学习、数据挖掘等技术，提升财务信息系统的数据分析和数据驱动能力，实现财务管理的智能预测、智能决策、智能监控、智能优化等。

（二）推动事业单位财务人员的数字化转型

1.人工智能对财务人员的影响

在人工智能创新技术持续迅猛发展的背景下，人工智能技术在社会各领域的渗透愈发显著，这预示着智能会计的崭新时代即将到来。面对这一不可逆的时代发展趋势，财务人员只有积极寻求转型升级的路径，才能确保紧跟时代步伐，稳固地屹立于行业前沿。

（1）人工智能在财务领域的应用

2016年，德勤会计师事务所与人工智能企业携手合作，率先将人工智能引入会计、税务、审计领域，此举引发了行业的广泛关注。尽管人工智能在机器人顾问和自动化税务筹划等领域已有初步涉足，但其在财务审计和税务自动化软件中的实际应用仍相对有限，主要聚焦于处理那些机械、单一且重复的财会事务。展望未来，人工智能在财会、审计领域的应用前景被普遍看好，预计实现更为广泛和深入的拓展。例如，财务人工智能将深度融合于企业的财务管理与日常生产经营管理之中，从而显著提升管理水平，并进一步拓展其功能范围。同时，这一趋势也将推动管理会计的拓展与升级，实现战略、业务和财务的一体化管理，助力企业优化经营管理流程，创造更高的价值，提高企业的经济效益。

（2）人工智能将重塑会计、审计行业

在大数据等基础性人工智能技术的迅猛推动下，人工智能对会计、审计等行业的影响日益显著。2016年，英格兰及威尔士特许会计师协会携手上海国家会计学院，共同举办了以"大数据重塑财务与审计"为主题的论坛。与会专家预测，大数据等技术将全面革新财务与审计行业的格局，基层会计人员数量将显著减少，业务会计的界限将逐渐模糊，专业会计机构将实现高度集约化，财会部门将转变为大数据处理的核心部门。

人工智能至少可以在以下四方面促进会计、审计行业的发展。

第一，可以大幅度提高会计及审计信息的质量。在当前阶段，我国会计及审计行业普遍面临着信息失真的严峻挑战。这些挑战的核心在于会计及审计信息的处理过程中，过度依赖手工编制、人脑思维和判断等人工操作，而这些操作不仅容易引发人为失误，而且有可能涉及人为故意篡改或造假等舞弊行为。实际上，人为因素已成为我国会计及审计信息失真的主要问题所在。人工智能技术的应用为解决这一问题提供了有效途径。它不仅能显著降低因人为失误导致的会计及审计信息失真风险，还能在很大程度上遏制人为篡改或造假财务资料等舞弊行为，从而大幅提升会计及审计信息的质量。

第二，可以使会计及审计行业的工作效率大大地提高，使人力成本大大地降低。通过使用财务软件，企业能够显著减少在机械、单一、重复的财务事项上的人力与时间投入，同时极大地提升会计核算的效率和质量。类似地，审计部门采用审计软件后，不仅能够大幅度降低人力资源的消耗，还能即时对各类报表项目、交易和披露进行全面分析，进而在更短的时间内对账面数据进行风险评估，精准识别潜在的风险点，从而有效提高审计的效率和效果。

第三，可以更好地防范风险，提高企业竞争力。人工智能具备处理海量数据的能力，能够构建数据库并持续对数据模型进行追踪与分析，进而预测投融资、盈利等关键事务。其信息存储和计算能力卓越，远超人类范畴。此外，人工智能还能够与专家决策系统相结合，有效消弭金融危机的潜在影响，构建风险预警模型，精准识别并妥善化解财务风险。

第四，促进传统财务、审计工作模式的改进。现行的财务核算体系依据基本业务流程来划分会计人员的职能。随着人工智能的引入，它能够高效处理烦琐且高频的工作，从而打破传统的财务及审计分工界限。在实施人工智能后，原本需要手工记账的机械、重复性财务事项将被自动化处理，这可能使得相关岗位精简或取消。精简后的人员可能转向程序操作或管理会计等新的岗位，进而实现财务岗位分工的优化与重构。同时，人工智能在审计领域同样会带来深远影响，其不仅颠覆了传统按会计业务类别或性质进行分工审计的模式，而且要求审计团队增添更多精通财务和审计软件的技术人员，以匹配人工智能环境下审计工作的新要求。此外，还需要密切关注人工智能下企业财务可能涌现的新状况、新挑战，如新型的舞弊手法和错误类型。

2. 数字经济背景下事业单位财务人员的应有特质

未来人工智能技术的深入应用将显著重塑财务行业的格局，同时，财务职能也将顺应社会及企业需求的变化而逐步变化。事业单位对于财务人员的期望，将聚焦于具备高度专业水准和卓越胜任能力的人才，特别是在一个或多个相关领域表现卓越的个体。财务人员应逐步摆脱传统、低附加值的财务处理任务，而将信任度、创造力、沟通能力、洞察能力、解释能力以及对税法与传统簿记的深刻理解置于核心竞争力的关键位置。

在数字经济时代的全面数据化背景下，财务人员肩负着重要的任务，即确保数据安全以及软件系统的稳定运行。鉴于当前可用数据量的不断增加以及历史数据可靠性的显著提升，财务人员应进一步强化对潜在风险的识别与分析能力，进而为经济发展构建战略性的预测模型，并为未来规划提供有力支撑。

在数字经济时代的推动下，财务处理正逐步实现全流程自动化，财务决策分析走向智能化，财务服务趋向共享化。这一趋势下，财务基础工作的专业化程度不断提升，同时，大量程序性的财务基础工作正被先进的财务信息系统所取代。这一变革使得财务人员可以从繁重的、重复性的财务核算工作中解脱出来，转向更加有价值、更具挑战性的工作，如基于大数据的数据分析和挖掘等财务管理工作。在这一转变中，财务人员的管理职能和数据分析职能的重要性愈发凸显。

3. 数字经济背景下事业单位财务人员面临的挑战

（1）财务人员和财务部门的职能改变

财务人员的核心职能涵盖核算、监督、管理等，然而，在数字化浪潮的推动下，核算职能正逐渐面临智能机器人与自动化办公软件的替代挑战。随着数字经济的蓬勃发展，财务工作的范畴将进一步拓展至复杂的经济业务和精细的数据分析，传统的财务信息输出模式也将逐步转变为更为专业和特殊的信息形式。为适应这一变革，财务人员需积极转型，从单纯的会计师转变为财务管理人员、数据分析师，乃至算法工程师。与此同时，相关部门也需紧跟时代步伐，由传统的财务处理部门转型为大数据处理与信息分析部门，以应对数字经济带来的新挑战。

（2）财务人员确认的要素范围扩大

在工业经济时代，生产要素主要有土地、劳动力、技术、资本，会计确认与计量的资产主要包括有形资产和无形资产，财务人员确认与计量的资本主要包括实物资本、金融资本和产权资本等。而在数字经济时代，随着数据资源成为新的生产要素，财务人员确认与计量的资产和资本范围将进一步扩大，分别包括数据资产和数据资本。

（3）智能财务使得财务人员的角色定位发生转变

一直以来，财务人员的核心职责在于核算与监督。然而，随着数字技术的迅猛发展，财务领域迎来了重大的技术革新，智能财务技术孕育出的财务机器人已经可以从事一些技能要求较低的基本工作。它们所执行的财务工作不仅精确度高，而且显著节约了时间成本，并有效降低了人工成本。财务机器人的工作范畴与部分基础财务人员的职责存在重叠，并且在某些方面甚至展现出超越人力的表现，因此，财务机器人势必会逐步替代一部分基础财务人员。显然，财务人员对已发生经济活动的确认、计量、记录和报告的技能已无法充分满足数字经济时代对其的工作需求。

（4）财务人员现有知识框架不足以有效应用智能财务

在数字时代下，财务人员正经历从传统的"核算反映型"向现代"智能决策型"的转型，这一趋势已成必然。然而，当前财务人员培养方案的滞后，导致他们无法满足社会日益增长的需求，从而加剧了财务人员培养与社会需求之间的矛盾。此外，部分财务人员受限于现有知识框架，难以高效运用信息化、数字化智能财务工具，这进一步阻碍了智能财务在便捷性和高效性方面的全面展现。

4.数字经济背景下事业单位财务人员转型的措施

（1）转变职能观念，提升数据分析能力

在数字经济迅猛发展的今天，智能财务机器人与自动化软件正逐步取代传统的会计核算工作。财务人员必须顺应这一变革，找准自身的角色定位，如转型为数据分析师和算法工程师，这就要求他们不仅要精通会计、数学、统计学和计算机知识，还需深入掌握数据挖掘技术、算法技术和数据分析软件。此外，对于区块链、财务云以及机器人技术等前沿领域，他们也应有所了解。同时，培养出色的数据分析和解释能力，对于财务人员实现职能转型至关重要。

（2）树立数字经济意识，重视数字经济价值

从经济社会发展的视角审视，我国已经跨越农业经济、工业经济的阶段，步入了数字经济的时代。数字经济已然成为国家经济高质量发展的核心支柱。近年来，数字经济更是被提升至国家战略层面。在此背景下，事业单位财务人员必须紧跟时代步伐，树立深刻的数字经济意识，充分认识并高度重视数字经济所蕴含的巨大价值和其战略地位。同时，还应积极学习先进的数字技术，摒弃传统的单维数据观念，以更好地适应数字经济的发展潮流。

（3）强化学习意识，持续更新和完善个人知识结构

在当前数字经济背景下，我们发现财务领域的专业人才供需之间已经出现了显著的失衡。这一现象提醒我们，作为事业单位的财务人员，必须将自我知识结构的更新与升级视为一项持续的任务。这不仅要求我们定期回顾和反思已有的知识体系，而且要积极地引入新的学习资源，主动参与各类专业培训，以此来适应快速变化的财务行业环境。通过不断学习与实践，我们可以确保自身专业能力与数字经济的同步发展，从而有效应对工作中的各种需求和挑战。

参考文献

[1] 刘亚威.数字经济的发展研究[M].延吉：延边大学出版社，2023.

[2] 李韬，李睿深，冯贺霞，等.数字转型与治理变革[M].北京：北京师范大学出版社，2022.

[3] 程实，高欣弘.数字经济与数字货币[M].北京：中国人民大学出版社，2022.

[4] 余静宜，胡凯.数字化转型[M].北京：中国铁道出版社有限公司，2022.

[5] 葛建华.融合[M].北京：中国政法大学出版社，2022.

[6] 赵先德，唐方方.区块链赋能供应链[M].北京：中国人民大学出版社，2022.

[7] 蒋媛媛.中国数字经济宏观影响力评估[M].上海：上海社会科学院出版社，2021.

[8] 袁嘉.互联网平台竞争的反垄断规制[M].北京：中国政法大学出版社，2021.

[9] 王言.中国经济发展新阶段研究[M].太原：山西经济出版社，2022.

[10] 汪欢欢.数字经济时代的服务业与城市国际化[M].杭州：浙江工商大学出版社，2021.

[11] 李靓.数字经济时代消费类期刊转型升级与融合创新[M].武汉：湖北人民出版社，2020.

[12] 范渊.数字经济时代的智慧城市与信息安全[M].北京：电子工业出版社，2020.

[13] 兰建平.跨越区域经济高质量发展[M].杭州：浙江大学出版社，2020.

[14] 浙江大学数字长三角战略研究小组.数字长三角战略[M].杭州：浙江大学出版社，2019.

[15] 钱志新.数字新经济[M].南京：南京大学出版社，2018.

［16］颜阳，王斌，邹均.区块链＋赋能数字经济［M］.北京：机械工业出版社，2018.

［17］中国电子信息产业发展研究院.数字丝绸之路［M］.北京：人民邮电出版社，2017.

［18］埃利夫.课税数字经济［M］.上海：上海人民出版社，2022.

［19］张夏恒.跨境电商类型与运作模式［J］.中国流通经济，2017，31（1）：76-83.

［20］杨平，魏晋.基于智慧交通的兰州市拥堵治理研究［J］.城市道桥与防洪，2019（9）：40-42.

［21］叶东矗，陈木子.5G时代的智慧医院建设［J］.中国医学装备，2019，16（8）：150-153.

［22］中关村互联网金融研究院，中关村金融科技产业发展联盟.数字金融［M］.北京：中国人民大学出版社，2023.

［23］王然.数字化赋能文化产业高质量发展的作用机制与实现路径［J］.价格理论与实践，2022（7）：17-20.

［24］林剑，黄益军，陈娟.数字化水平对城市集群产业结构的影响路径研究［J］.开发研究，2022（6）：94-105.

［25］马香品.数字经济赋能服务贸易高质量发展研究［J］.价格理论与实践，2022（8）：59-62.

［26］郁晨怡，陈拓，李朝敏.数字经济驱动下城乡物流统筹发展水平提升路径与对策：以浙江嘉兴为例［J］.物流科技，2022，45（16）：31-35.

［27］祁怀锦，魏禹嘉，刘艳霞.企业数字化转型与商业信用供给［J］.经济管理，2022，44（12）：158-184.

［28］裘莹，晏晨景，张利国.数字经济时代我国产业链安全保障体系构建与对策研究［J］.国际贸易，2022（12）：32-43.

［29］刘昕.构建高质量电商创新体系助推数字经济新业态［J］.中国商论，2022（24）：37-39.

[30] 梁梓潞, 于佳弘, 梁运吉. 数字经济时代新商科实践型人才培养路径研究 [J]. 对外经贸, 2022（12）: 154-157.

[31] 赵松慧, 冯鲍. 数字经济时代推行央行数字货币的挑战及对策 [J]. 黑龙江金融, 2022（12）: 84-88.

[32] 于红悦. 电子商务与数字经济间的协同联动效应研究 [J]. 黑龙江科学, 2022, 13（23）: 40-42.

[33] 张永, 卫敏艳. 数字经济视角下新零售模式发展的现状、问题及路径 [J]. 时代经贸, 2022, 19（12）: 26-30.

[34] 张义凡. 数字经济下农村跨境电商发展路径分析 [J]. 时代经贸, 2022, 19（12）: 87-89.

[35] 陈曦. 推动数字经济与实体经济深度融合: 理论探析与实践创新 [J]. 人民论坛·学术前沿, 2022（24）: 64-76.

[36] 王艳. 数字经济对区域经济增长的影响 [J]. 商展经济, 2022（24）: 19-21.

[37] 周文娟. 数字经济背景下乡村旅游高质量发展策略研究 [J]. 现代营销（下旬刊）, 2022（12）: 74-76.

[38] 董婉璐, 李慧娟, 杨军. 数字经济发展对中国制造业的影响研究——基于可计算一般均衡模型的价值链分析 [J]. 价格理论与实践, 2022（9）: 78-82.

[39] 王玉聪. 数字金融影响经济高质量增长和经济韧性的实证研究 [D]. 青岛: 青岛科技大学, 2023.

[40] 梁彦彦. 中国省域数字经济与实体经济发展耦合协调性分析 [D]. 郑州: 河南大学, 2023.

[41] 陈冬. 数字经济对经济高质量发展的影响研究 [D]. 郑州: 河南大学, 2023.

[42] 陈云翠. 数字化转型对企业持续绿色创新的影响研究 [D]. 郑州: 河南大学, 2023.

[43] 马晨辉. 长三角地区服务型数字企业的时空分布、集聚特征与影响因素研究 [D]. 郑州: 河南大学, 2023.

[44] 孔庆炜. 数字金融对我国农业经济韧性的影响研究 [D]. 上海: 上海外国语大学, 2023.

［45］贾翔.数字经济对中俄贸易的影响研究［D］.呼和浩特：内蒙古财经大学，2023.

［46］刘京昉.数字经济、产业结构与碳排放关系的实证分析［D］.呼和浩特：内蒙古财经大学，2023.

［47］苗莆.数字财产法律问题研究［D］.呼和浩特：内蒙古财经大学，2023.

［48］赵志辉.数字贸易对我国绿色经济发展的影响研究［D］.呼和浩特：内蒙古财经大学，2023.

［49］金鑫.碳达峰视角下数字经济对企业碳绩效的影响研究［D］.呼和浩特：内蒙古财经大学，2023.

［50］高新杰.数字经济促进产业结构优化升级研究［D］.郑州：河南大学，2023.

［51］张卉卓.数字经济驱动京津冀产业融合发展研究［D］.石家庄：河北经贸大学，2023.

［52］李雅勤.数字金融对实体经济资本配置效率的影响研究［D］.上海：上海外国语大学，2023.

［53］王悦珊.数字化转型对制造企业绩效的影响研究［D］.秦皇岛：燕山大学，2023.

［54］王菲.数字经济对中国工业绿色发展的影响研究［D］.秦皇岛：燕山大学，2023.